理解與寬恕——
校園溝通事件解析

高強華、李玲惠、王淑俐／著

理情圓融　諸法通達

「理解與寬恕」——校園溝通事件解析　序

別館寒砧，孤城畫角，一派秋聲入寥廓。

東歸燕從海上去，南來雁向沙頭落。

楚台風，庾樓月，宛如昨。

無奈被些名利縛！無奈被他情擔擱！

可惜風流總閒卻！

當初謾留華表語，而今誤我秦樓約。

夢闌時，酒醒後，思量著。

———王安石‧〈千秋歲引〉

　　北京歸來，正提筆撰寫〈夢迴中國，夢醒北京〉參訪報告，忽然接到揚智出版社閻總編輯的電話，說《理解與寬恕》的編校告一段落，三校之後即可出版。我想一些遺忘許久的舊稿面臨時空的變遷，校園人事和教學文化生態萬化的沖激而依然能夠出版，自然是大喜過望。但是長城、鳥巢、水立方和奧運的微笑志工印象鮮明，馬上要低下頭案牘思考，對校園中師生之間、親師之間和老師與老師之間的種種爭議或溝通事件評情論理，解析其原委曲直，一時之間眞有「蝸牛角上爭何事？石火光中寄此身」的感嘆！

　　爲什麼「學校裡沒教的事」才是學生眞正關心的事？爲什麼學校裡芝麻、綠豆、蒜皮之類的瑣碎事務，卻常常成爲媒體報導、教師計較、家長興訟、學生抱怨的大事？爲什麼寧靜和諧與進步的校園，在衆聲喧嘩的年代也成爲一個勾心鬥角、是非論辯層出不窮的競技場？如果教師都是熱忱有勁，理情圓融的人，許多學生所犯的錯誤，都可以得到寬恕與尊重；許多家長所犯的錯誤，亦將能夠因爲同情的理解，而得到溝通澄清的機會。又如果家長都是理性清明、寬恕仁厚的人，對老師的輔

導管教善解寬容，親師和諧互利雙贏的結果，當然可以預期。

　　遺憾的是所見者小的老師，和個人私利擺第一，斤斤計較仇視教師的家長，在比例上其實非常可觀，導致的吵嚷爭端，實在令人感嘆！許許多多的教師為小事抓狂而不能躬親深省，許許多多的家長吹毛求疵得理不饒人的心態，的確可議。更多的學生渾渾噩噩、茫昧無知而自得其樂。尤其在教育政策失衡的年代，鬆綁浮誇自以為是，爭名逐利不落人後的氛圍之中，誰願意真正承擔先憂後樂、憂道患德的苦行重責？

　　淑俐教授和玲惠校長真是教育界仁厚寬恕、善解親切的楷模。在心細如絲的敏察覺識之中，對教育之愛和對校園和諧的期許甚殷。這本《理解與寬恕──校園溝通事件解析》的出版，顯示教育的大愛長情，無量無涯，無憂無惱。證嚴上人指出：「無憂就是喜，無求就是捨，喜捨來自於無怨無悔，即是慈悲。」學教育的人對於校園中的種種問題，樂於循循善誘、苦口婆心勸人向上向善，辦學校的人亦能夠時時刻刻、戰兢戒慎、虔誠傳美善、真心愛世人，而所有求知學習的人能夠知錯必改，開解心結，微笑待人，善心善願循環，真知力行求進

步，相信教育的明天，一定是更為璀璨亮麗明倫有禮的嶄新境界。

　　祝願校園人際之間所有的誤會或衝突，都能夠得到合理的調解與溝通，祥風和氣滿校園。

　　期盼所有的老師和學生彼此瞭解，相互尊重；天下所有的父母親和老師彼此克己復禮、知書達禮，共同創造博文約禮的文明校園。

　　更期盼所有的學校都是書聲琅琅窗明几淨的學習樂園，學生勤學樂學，教師勤教樂教，而天下所有的父母和孩子都在學校裡學到了感恩知足、寬容善解、惜福造福的真學問真本領，為人類的共同和諧與進步不斷的努力有為，創造禮教樂化詩書傳唱的新桃源勝境！

　　　　　　　　高強華
　　　　　　　　謹識於慈濟大學教育研究所所長室
　　　　　　　　2007年10月10日

目　錄

第一篇

師 生 篇

我國對於「教師」向來具有較高的期望，例如完美的人格、淵博的學識、安貧樂道的精神，甚至是「傳教士」、「慈善家」。昔日，教師與「天、地、君、親」並列，地位崇高，不容置疑；師生關係強調「一日為師，終身為父」。

　　但是，工商社會下，價值觀多元與功利主義盛行，導致若干意志不堅的教師「不安於位」，招攬學生實施惡補；甚至把教師工作當作副業，大大損壞了教師的社會形象。再者學校規模日益擴大，師生關係日趨疏淡，難免引起教師角色的衝突或困擾。

　　純淨清高的校園，似乎不應為了權力與利益而衝突。然而，一連串有關學校運作與革新的法令，凸顯出校長、教師、家長、甚至學生，都有一定的法律保障，且有權力可以影響他人。比如校長的行政權、教師的專業自主權、家長的參與權，及學生的學習權等。若人人均以自我為中心，則權益的衝突在所難免。

　　當前的師生衝突，主要與教師運用權威的方式有關。現代社會中，教師的傳統權威已然式微；就法理權威而言，教師輔導與管教學生都須「依法行事」。然而，學生從媒體接收各種不同的資訊，發展為不同的價值觀，學校品德教育的實施，面臨愈來愈大的挑戰。於是，教學逐漸走向純粹的知識傳授或能力培育，師生關係愈來愈「形式化」。

　　科技進步與資訊社會，帶來教學的改變，也影響了傳統師生互動

的方式；面對面的「傳道、授業、解惑」和身教功能，大幅萎縮。教師的角色由教導者，轉換爲學習的引導者，師生關係逐漸走向「平等化」。弔詭的是，現代社會中，由於家庭教育式微，教師卻常被要求更重的道德教育責任。

教師所從事的工作，本質上有平凡、平實、平淡的特質。

如何使教學生涯的創意得到激發，個人潛能有所發展？

如何在教學世界裏自我實現，獲得地位與尊嚴？

如何主動創新學校教育，實踐為人師表的初衷？

顯然是現代教師應該嚴正面對，並戮力以赴的重要課題。

第一章　教不嚴，師之惰？

高強華

如果，教育只是：

獲取有關地理、歷史的描述和記載，

培養閱讀和寫作的能力，

卻喪失了自己的靈魂，

喪失對事物的鑑賞力，

喪失了價值判斷的能力，

甚至不能學以致用，

不能展望未來。

那麼，教育又有什麼用？

　　　　── 杜威（John Dewey），1938

當前「品德教育」的失敗，「養子不教」或「教而不嚴」，是誰之過？我們先看看下面一封「質疑師範精神」的來信，以及兩則校園中上映的「X檔案」，再來思考如何承擔「養不教」或「教不嚴」的責任。

溝通的故事 ❶ 一封「大哉問」的來信

敬愛的教授：

　　我是本校進修部的學生，因為久仰您的大名，特別寫信向您請教幾個問題。最近，從一位高中老師口中得知，我國是青少年犯罪率最高的國家（未經確認）。您同意嗎？我個人的體悟是：雖不中，亦不遠矣。尤其我擔心，這是「集體罪惡」的水面冰山，因此略抒心中不安，請您指引。

1. 公民道德的教材，當然應該由簡而難，循序漸進的排列呈現。但是大部分的教師因社會經驗不足，以及升學考試扭曲了教育的本質，加上教師欠缺自學進修的誘因……最後我們的公民課程真成為「化約」、「抽象」、欠缺時代關懷的記誦之學了。

2. 唯有實作勞動、力行踐履，才能建立良好的習慣。而今，強調認知理論、認知

教學策略的師資生，什麼時候才能體認到台師大校訓「誠、正、勤、樸」的德目呢？台師大的教授自己四體不勤、心術不正，如何塑造良好的校風呢？

3. 師資養成階段缺乏討論辯解的精神，學生對於為什麼進師大、師大為什麼要轉型或合併，渾然不知！對公聽會興趣缺缺，即便來到會場，也說不出什麼道理。這樣的師資生，未來有希望嗎？

4. 學校對於開學典禮、畢業典禮、導師時間，好像都不太重視。學生社團非常多元沒錯，可是外界感受不到師大的活力，中小學生也不會特別欽佩師大的大哥哥大姊姊。

5. 師大學生的氣質好像愈來愈差，站在校門口看著來來往往的學生，感覺上就像站在某些社區高中或快要關門的高職門口，學生邊走邊吃、大聲喧嘩、露肩露肚，您不認為這是個問題嗎？

　　還是要謝謝您肯花時間看完這封信，真的是基於殷切期望，嚮往一所氣質高雅、校風純樸、校譽卓著、校景恢宏的明星大學，以上意見是否請您撥冗釋疑？

　　　　　　　　　　一個愛校的進修部學生敬上

問題與思考

▶ **高強華教授**
的回響

　　學生敢於向就讀的大學，提出有關行政或校風的種種疑問，並希望得到教授的回覆，這真的需要相當大的道德勇氣。提出問題表示關心、認真、用心思考，回答問題則代表誠懇、尊重、願意承擔部分責任。如果學生問了也是白問，只覺得如石沉大海，累積的挫折感及無力感，最後便又造就了一個冷漠的公民。而教授若以事不關己的心態，僅將此「大哉問」的來信，轉送大學學務長、校長參考，也可說在身教及言教上，做了相當偏頗的不良示範。這種只重知識而忽視人格的教授，豈不成了科學怪人？

▶ **王淑俐教授**
的回響

　　一位台灣師大進修部的學員，因為對整體教育環境，及一所重要的師資培育機構──台師大，有所「感慨」及「期待」，所以寫了一封信給教授，希望獲得「解惑」。

　　首先，他感慨目前青少年犯罪率上升，希望學校的「公民與道德」教學，能有力量改善現狀。但隨即悲觀的發現，其實也「無濟於事」；

因為，「公民與道德」課程，本身就存在著「難解」的問題，例如：一般人不注重這個科目（是對升學沒有作用的「副科」）；更糟的是，公民老師不僅對社會現象不夠了解，對這科的教學缺乏熱情與使命感，也不肯再進修以求突破。所以，這位學員只好「自問自答」，直接宣告「公民與道德」教育已死。

接著他嚴厲的批評：「台師大的教授四體不勤、心術不正，如何塑造良好的校風呢？」也許在他個人的體驗，有些教授的確如此。教師節時，報紙的民意論壇中，有位代課老師投書表達對某些師培機構教授上課的感想：「師培課，學到偷懶、混日子」（張慧琳，《聯合報》，民國九十四年九月二十八日）：

近日為修教育學分，到一家「教育部評鑑甲等」的師資培育機構上課。……有的教師上課未準備，言不及義，上課內容與課程主題不符，同學對老師上課方式提出建議，結果教師竟回

答：自己上網找資料；上課則以看電影及學生報告打發時間。這樣的上課方式，怎能教出一個好教師呢？……對於這樣的教學環境我很失望。

再來，這位學員「驚訝」台師大學生，對切身之事毫不關心。不知道自己為何入學，不關心台師大未來的轉變。難道真要等到「大難臨頭」（畢業即失業），再來怨天尤人嗎？其實，不僅師大學生如此，整個社會似乎也有此傾向；在大眾傳播媒體反覆放送各種天災人禍之後，大家麻木了，如羅智強所擔憂的「學得無助感」：

冷感助長腐敗，腐敗助長冷感，形成一個牢固的負循環。……但我們就真的這麼放棄了嗎？雖然有點難，人民還是得努力的要求自己不冷感，……唯有不冷感的我們，才有可能跳脫被政客通了電的圍籬。否則，一旦我們成為「學得無助感」的實驗狗，即使自由的大門就在眼前，我們也會被自己的無助局限，再也走不出去了。

近十年來，由於師資培育多元化，只要修了二十幾到四十個教育學分，即具備中小學教師資格，使得教師成為一項職業。至於「師道」精神，因無法經由教師甄試評定，漸不受重視。加以少子化的趨勢，教師職缺已是「負成長」；比起從前看到師大巍峨的校門即肅然起敬，而今，的確是今不如昔。這位學員站在校門口，看著來來往往的師大學生時，竟然感覺像是站在社區高中或快要關校的高職門口；這種說法，不知台師大校方是否同意？會否心驚？至於大學生邊走邊吃、大聲喧嘩、露肩露腿露肚臍，這個狀況恐怕不僅是台師大的問題嘍！只是培育未來「人師」的殿堂，是否該加強（或恢復）昔日師範生的「生活教育」呢？

溝通的故事 ❷ 校園競賽的「X檔案」

◎ **檔案1：**
　　學藝競賽

　　國中二年級時，老師推薦我參加學藝競賽訓練。由於是代表學校參賽，所以班上同學對於這個機會，自然不輕易放過。競賽項目不單是學科成績，也包含科學實驗、文藝創作、童軍活動、體能競技等。我因對科學實驗及文藝創作有濃厚的興趣，被老師推舉為本班男生代表。女生代表最後選的是一個表現不是很突出的女孩，所以其他同學紛紛質疑和排擠她。雖然表面上，同學之間和以前一樣，私底下則存在嫉妒和冷戰的氣氛。我試圖化解僵局，但大部分同學缺乏解決問題的誠意，甚至將矛頭指向老師；所以我的搭檔，除了每天必須卯足全力和別班代表一較長短外，特訓之後又必須面對班上同學的敵意。到了特訓的後期，由於參賽代表必須具備至少一種樂器的演奏能力，我衡量自己音樂的造詣有限，所以主動退出、回到了班上，但發現自己已被孤立。往後，我和那位女同學面臨的是與同學之間的強烈競爭，即使我們贏了，和班上同學的對立卻更加明顯。

　　最近開同學會時，有人無意中提起了這段

往事，雖然現在想起來，只覺得當時心胸怎麼那麼狹隘；但，那種因嫉妒而競爭、為了競爭而憤怒的生活，讓我體驗到人性黑暗的一面。

會對這樣一個「集體活動」記憶深刻，是因為當時讓我受盡煎熬的，不只是外在環境的壓迫，更多來自內心的反省。生活難道只是為了打敗對手，而且毫不留情的將他們壓在腳下，並防備他們無情的反擊？為了保護自己，每天都必須小心謹慎，因為我的對手不會給我任何機會。這樣的生活變成習慣，成為我日後的負擔；第一次體驗到弱肉強食的世界，那麼現實、那麼無奈……

◎ **檔案2：**
　　拔河比賽

國中時，運動大會是年度盛事，在那個每天只有念書的日子裏，不僅因為是唯一的課外活動，更代表了全班的榮譽；所以不論「前段班」的我們，或「放牛班」的同學，都卯足全力。競賽項目中最受重視的，莫過於運動會前幾天就開始進行預賽的「拔河」。班上同學平常各自有小團體，但是到了一致對外的非常時期，倒是團結得很，有一種微妙而強烈的情感。

拔河比賽進入前四強時（原先有十四

班），和我們搶冠軍的是個「放牛班」……這一戰非常激烈，槍聲一響即陷入僵持戰，最後本班險勝，大家都興奮地大叫，卻沒人注意對方憤怒的眼神。不久我們發現，班上男生怎麼都不在教室？突然有個女生大叫：「你怎麼受傷了？」只見阿宗左手握著一個歪掉的眼鏡鏡框，鏡片碎了，右手摀著眼睛。女生們都嚇壞了，急忙去找老師，其他男生也陸續回到教室。原來，阿宗先被帶去那個放牛班狠揍了一拳，再叫他回來把全班男生帶去。結果我們班男生，不是去打群架而是去挨打，一個也沒還手。

　　老師聽了很生氣，他不能容忍我們這樣被欺負，便告訴訓導主任，堅持要他們班道歉。他們也不服輸，說我們一贏就放掉繩子，害他們跌倒。是我們錯在先，他們一定要出這口氣。帶頭的同學說完，立刻被訓導主任訓了一頓；他倒是正眼也不看主任，一副吊兒郎當的樣子。主任更火了，大聲斥喝，要他向阿宗道歉，他不說話，主任威脅：「不說是吧？好啊！看我治不治得了你，你是不想畢業了啊！再一支小過就不用來了，隨便你！」最後他還是被迫道歉，畢竟他輸不起這支小過……

那時我便深刻的感覺到，前段班與後段班
強烈的對立與衝突。報復、打架是後段班同學
生存的方式，他們以類似戰爭的方式，決定權
力的大小。這一架把他們平日所受不公平的待
遇，一併還給我們，也等於警告我們不要太囂
張。而校方對前段班的偏袒，不斷增強他們的
敵意。被決定是前段班的一群，也不得不接受
被「放牛班」敵視和報復的命運。

問題與思考

▶ **高強華教授的回響**

　　學校裏舉辦各種競賽，從激勵學習動機、相互切磋琢磨的觀點而言，當然無可厚非。但為了獎牌、名次，而無所不用其極（成立特訓班），就違背了群育原理。而今許多學校將各種才藝單項的強棒，全都變成了冠軍馬；被淘汰的弱馬，似乎只能到遊樂園供兒童騎乘嬉樂。加上教練間的勾心鬥角，明星學生間的競短論長，從教育角度而言，這種「為達目的，不擇手段」的做法，就有違「真、善、美」理想的實現。

　　至於前段班與後段班的拔河比賽之爭，到底是要激勵團隊合作，還是要班級之間的死拚精神？何謂運動員的風度？如何讓學生從競爭中，學到欣賞他人、遵守規則、節制不滿情緒，這才是學校教育該共同面對的課題。如果班級之間的競爭，演變成「勝者驕矜，敗者氣餒」，則是情意教育的一大敗筆。

問題與思考

▶ 王淑俐教授的回響

　　學校為了獲勝，常不惜任何手段，挑選菁英中的菁英，殊不知已變成了「反教育」，使得「聰明反被聰明誤」。聰明才智成為「造一己之福」的工具，而且還須傾軋別人。小小年紀即感受到人際之間虛假、自我保護、惡性競爭、嫉妒、報復等負面心態，實在令人憂心。更可怕的是「積非成是」之後，「求勝」變成唯一的目標，道德觀及價值觀逐漸偏差。

　　「能力分班」造成教育機會不均等，後段班學生受到歧視，於是將怨恨轉為報復的力量。前段班導師不甘學生被欺負，最後仍採「以暴制暴」的方式，運用更強大的力量——訓導處，來壓制後段班學生。然而，冤冤相報何時了？「不平則鳴」，後段班遭受不公平待遇後，對前段班產生更大的敵意。依此類推，怪不得窮人對有錢人、受僱者對雇主，也會如此強烈的「反彈」。

　　吳京擔任教育部長時，曾非常努力想「消除」這種「不公平」的能力分班。可惜，在家長及學

校互推責任之下，能力分班仍是提高升學率最有效的方式。只看上榜笑，哪管落榜哭；只要多「製造」一些考上明星高中的明星學生，學校也跟著成為明星學校，老師則成為明星老師。在此光芒之下，後段班的「醜小鴨」如何生存？有多少人真正關心？而今，就算表面上已是常態編班了，但真的已照顧到一班之內的「後段生」了嗎？

▶ **李玲惠校長**
的迴響

　　學校舉辦各項班際競賽，體育類的拔河比賽、排球賽、三對三鬥牛賽、大隊接力；藝文類的詩詞吟唱、英語歌謠比賽或者是直笛比賽，無非是為了讓學生在多元競賽中，發覺自己的潛能，培養自己的興趣專長。重要的是，在競賽的過程中，學到與人合作、解決問題的能力。尤其，難得的是在小我與大我之間，培養團體榮譽的情懷。

　　所以，有經驗的老師都知道，運動場上的拔

河比賽、大隊接力,參與的同學人數較多、道具簡單、比賽時間短,可以在短時間內凝聚學生的向心力,製造共同的話題。但是,比賽本來就有輸贏,如何在比賽過程中,培養學生「君子之爭,必也射乎,揖讓而升,下而飲」的運動家風度;比賽結束後,又能讓孩子們養成「勝不驕,敗不餒」的修養,才是教育的重點。

遺憾的是,案例中因學藝競賽造成的同學間集體排擠,孤立少數人的現象,或拔河比賽演變成班際的集體暴力,這不僅是事實,而且發生的次數多到讓這些事件快演變成校園中的常態。更甚者,每年的國中基測考場上,由於必須安排不同學校的考生在同一考場,所以常因不同學校的考生互看不順眼,或他推我一下、我被敲了兩下而大打出手。從北到南,每個考場都必須動用警力來駐守考場,學校教官、訓輔人員疲於奔命地解決學生衝突、群架等事件。我們不禁要問:「我們的青少年怎麼了?」「我們的教育怎麼了?」

大人們除了笑著說：「你們別以為反攻大陸沒機會了，就打自己人嘛！」也只能兩手一攤。年復一年，我們看著這樣的教育現象一再上演，不禁要問：「誰關注這個問題？」「教育改革不該來改善這個問題嗎？」

反對能力編班最大的原因是，過早將學生分化，不同的教學策略或教師態度，容易讓學生感受到社會階級、差別待遇等不公平的氛圍，對成長中學生人格的培育、價值的形成，是不利的。所以，在教育現場，我們還是要大聲疾呼，是分數重要？還是該學到彼此尊重？是教學進度重要？還是應教導做人的道理？值得每一個教育工作者深思啊！

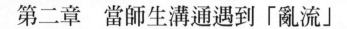

第二章　當師生溝通遇到「亂流」

李玲惠

隨著兒童年齡漸大，

便要管束得少些，

而且要盡力和他親近，

找機會與他談話，多聽他的意見，

有些事要和他商量，

尊敬他向成人一樣。

　　── 洛克（John Locke），1692

　　　　（摘自賈馥茗評述，《西方教育名著述要》，

　　　　台北：五南，頁34）

如果上課像「搭飛機」，那麼，無論天氣再好，都可能碰上不穩定的氣流；萬一天候不佳或「天有不測風雲」時，又該怎麼辦？

溝通的故事 ❶ 我轉班好了！

國二的小芬體態比較豐腴，穿學校制服時，常把上衣拉出來。尤其讓導師受不了的，是她透出制服、色彩豔麗的胸衣。導師阿雲要她改穿膚色的胸衣，但小芬依然故我。好幾次，阿雲發現，班上幾個上課不專心的男生，眼光老停留在小芬的背部。

又到了每月一次的服裝儀容檢查；阿雲走到小芬面前，只見她的制服又沒紮進去，隱隱約約看到裏面桃紅色的胸衣，頭髮還在耳朵兩側與頭頂抹膠。阿雲搖搖頭，在不合格的名單中，寫上小芬的名字，並要小芬下課後到辦公室找她！

「小芬！妳到底要怎樣？全班就妳一個人喜歡在衣服、頭髮上作怪，我苦口婆心跟妳說了好幾次，妳不要軟的不吃，故意挑硬的！」

小芬沒有任何回應，只是把頭擺向一邊，眼睛看著辦公室外，阿雲覺得自己快要發火了。

「妳這是什麼態度啊！我講這麼多，妳到底有沒有在聽啊！也不想想看，自己是個女孩子，出門前照照鏡子，看看自己什麼德行，我們班的臉，都被妳一個人丟光了……」

小芬回過頭來：

「丟光就丟光，妳以為我喜歡在這個班啊！什麼時代了！報紙都寫解除髮禁，訓導處也不管了，妳管那麼多幹什麼？真是白目！」

說完掉頭就走，留下一臉驚訝的阿雲。

隔天，小芬沒有到校，請同學轉給阿雲一張紙條：

「老師，我受不了啦！您總是看我不順眼！我轉班好了！這樣就不會丟我們班的臉了！」

▶ **高強華教授**
的回響

　　教育部已廢除髮禁，但學校裏師生溝通不良，家長意見分歧，教師彼此之間見解不同，以致於容易造成衝突。究竟學校生活常規的管理，尺度該如何拿捏？如何掌握「嚴管勤教」的分寸？如何在「教育鬆綁」的潮流中，有效實施生活教育？

　　傳統的觀念是「師嚴而後道尊」，教師代替父母行使管教權責，嚴師才能出高徒。然而，叛逆桀驁、違規犯過不斷的學生，在校園的競技場中，和導師、教官或班級幹部絞盡腦汁的角力、鬥智；歲月過去了，但究竟能學到些什麼？教育的本質究竟為何，值得正視。

▶ **王淑俐教授**
的回響

　　老師覺得，學生常常是「屢勸不聽」、「軟的不吃，故意挑硬的」。但是說得太多、太直，不僅達不到原來的目的，反而還使學生變得更「硬」，也破壞了師生關係。以阿雲老師所說的話來看：

問題與思考

全班就妳一個人喜歡在衣服、頭髮上作怪，我苦口婆心跟妳說了好幾次，妳不要軟的不吃，故意挑硬的！

這段話犯了四個溝通的禁忌：

1.「全班就妳一個人」：這句話不僅會引起反感、反彈（全班就我一個人衣服、頭髮不合格嗎？），也會造成師生對立（好像我故意不跟老師配合）。

2.「衣服、頭髮上作怪」：「作怪」的標準何在？老師是否知道學生不穿膚色胸衣的原因或困難？

3.「苦口婆心跟妳說了好幾次」：「苦口婆心」代表說了許多逆耳的「忠言」，說得愈多，學生的自我防衛心愈強。

4.「軟的不吃，故意挑硬的」：「軟的」、「硬的」，對學生而言，含混籠統，指涉不明，怎麼說她（他）都聽不進去？

妳這是什麼態度啊！我講這麼多，妳到底有沒有在聽啊！也不想想看，自己是個女孩子，出門前照照鏡子，看看自己是什麼德行，我們全班的臉都被妳一個人丟光了……

這段話也犯了四個溝通的禁忌：

1. 「妳這是什麼態度啊」：為了維護教師權威，老師往往很在意學生的態度，卻忘了自己的態度也可能傷了學生的自尊。

2. 「妳到底有沒有在聽啊」：如果只是強迫學生「表面的聽」、「假裝在聽」，那有什麼意義？

3. 「看看自己是什麼德行」：學生遭受批評後會想：一定要怎樣才算「好女孩」嗎？我偏不要這樣！

4. 「全班的臉都被妳一個人丟光了」：給學生扣上太大的罪名，學生一定不願「承受」。於是，掉頭而去，與老師公然反目，而且也不想再回到學校了。

上課鐘響了，賴老師走進教室，還沒站定，就聽到台下冒出一聲：「怪物」、「變態」。賴老師故作鎮定，喊了幾聲：「班長？」才聽到班長喊：「起立！敬禮！」接著，學生無精打采、慢吞吞地拿出課本。

　　賴老師不動聲色，對著台下梭巡了幾回，緩緩地說：「第一節上課時，我不是說過嗎？在我進教室前，先把課本拿出來預習一下，預習多少算多少，這很難做到嗎？」然而大半學生頭也不抬，賴老師就這樣子上了一節課。

　　從開學到現在，這個班的氣氛就這麼冷，冷漠中甚至還帶有敵意。賴老師每次都有快要窒息的感覺，心裏覺得委屈，不禁嘀咕：「難道代課老師就要受這種待遇？代課老師也是老師啊！我上課哪一點不如正式老師？為了一份工作，就要受這些小鬼的氣？為什麼這個班比較特別？」

　　賴老師決定找班導師溝通，或許，她可以給個答案！

　　原來這個班去年的地理課，也是一位代課老師，人長得甜美，氣質又好，學生都喜歡

她，希望她繼續教下去。這位女老師也喜歡這一班，但她只是一位代課老師，決定權不在她！誰知，暑假的代理老師甄選，她並沒有來報名，大夥兒也找不到她。學生傳言，是賴老師靠關係把人家擠掉了！

賴老師一聽，心想，真是冤枉！「我憑什麼把人家擠掉？」賴老師苦笑著。但課還是要上，只是，如何能化解學生對他的誤解呢？

「解鈴還需繫鈴人」，賴老師決定，無論天涯海角，一定要找到那位氣質美女的代課老師，請她務必現身或現聲，對學生說清楚，還他一個清白。順便還要請教她如何教書、如何與學生互動、如何在短時間內獲得學生的歡心——

問題與思考

▶ **王淑俐教授**
  的回響

賴老師發現自己不受學生歡迎的原因後,決定找到前一位氣質美女的代課老師,請她現身或現聲,對學生說清楚。這樣的做法對嗎?那位代課老師如果找不到,或「不方便來」,該怎麼辦?或者,賴老師還是該「靠自己」來重建師生關係,較為妥當呢?

其實,學生懷念先前的老師也是應該、正常的;幼小的心靈為了尋找答案而亂傳的「八卦」,老師千萬不要與他們一般見識,以免自己也陷入這些不實的訊息中,難以自拔。重點還是要建立教師自信,檢討自己的教學與溝通技巧,不要再「胡思亂想」了。

溝通的故事 ❸ 五月天唱「垃圾車」

　　瑤瑤是音樂老師，看完課表，不禁嘆了口氣，為什麼不能多一些七年級，少些八、九年級的課呢？音樂課，少不了要練練發聲，告訴他們聲樂的技巧；也要教些樂理，或者播放古典音樂，介紹音樂派別與大師。但是，學生似乎不喜歡這些，尤其排斥樂理。七年級的學生還好「唬」，只要告訴他們要測驗、要算成績即可；八、九年級就不吃這一套了，不僅大搖大擺地拿出其他科目的課本來看，嘴巴也只是亂哼亂哼的，說他們一頓，還會回嘴：「老師，您也饒了我們吧！您這一科基測不考耶！」

　　有些學生想聽偶像歌手的專輯，瑤瑤就要求學生先把樂理、發聲等「基本功」練好了，留五分鐘讓他們唱流行歌曲。

　　有一次，一個學生拿給她一片CD：「老師，教我們唱『垃圾車』，五月天最新的專輯哩！」

　　「你們開玩笑也要有分寸，什麼垃圾車、回收車的，你們別以為老師是老古板，我也知道什麼是『五月天』啊！」

瑤瑤訓了全班一頓，結果，她愈訓，學生愈是笑得東倒西歪！

　　「老師！妳好土喔！不知道五月天唱『垃圾車』，劉德華還唱『馬桶』呢！」

　　一節課就這樣嘻嘻哈哈的鬧過了，瑤瑤老師愈想愈嘔，她對流行歌曲的興趣遠不及古典樂曲，但，應該不至於連這個歌手的主打歌都不知道啊！她才幾歲啊！還被學生笑「土」？

　　晚上，瑤瑤回到家，趕快上網搜尋，果然有一首由五月天主唱的「垃圾車」。瑤瑤心想：這下糗大了，下週要怎麼面對這一班呢？瑤瑤決定，以後要遵照以前修教育學程時，某位教授的建議：「看報紙也要看影劇版，才知道哪些歌手又推出新專輯了！」

問題與思考

▶ **高強華教授**
  的回響

　　e世代青少年是所謂的「吞」（tweens）世代。青春少年樣樣紅，他是主人翁；是穿著時髦、迷戀流行音樂的小孩；對科技、品牌、金錢和塑膠貨幣的使用和需求，遠超乎大人的想像。他們手握滑鼠，彈指神功一流，偏好速食，喜歡縮寫簡便的語言。在鬆綁和渾沌的教改浪潮下，教師們除了以簡馭繁，以變應變，以麻辣酷炫的造型和創新教學取勝之外，智識學養仍不可或缺，信念原則仍必須堅持。

　　要真誠深摯地理解「吞世代」少年的苦悶與焦慮，寬宏大量地原諒青少年難以控制的衝撞和忤逆；而後，再以和顏悅色的笑臉，迎接教學生涯中不斷翻新的挑戰和考驗。

▶ **王淑俐教授**
  的回響

　　瑤瑤老師因為先前學生不當的上課態度，而誤以為學生說「垃圾車」這首歌，是在跟老師惡作劇，結果她訓了學生一頓。沒想到，愈訓斥，學生卻笑得愈厲害，真令老師尷尬萬分！尤其事後發現，真的有「垃圾車」這首歌時，就知道學

生為何「嘲笑」老師了。瑤瑤老師該如何重建師生關係及教師形象呢？

　　瑤瑤老師的決定是聰明的，日後看報紙要多注意影劇版，要追蹤一下哪些歌手又推出新專輯。這是了解學生次級文化，增進師生互動話題的不錯方法。當然，師生的年齡差距所造成的世代差異，仍是不可避免的。老師只要多體諒及寬容他們的「嗜好」即可，不必像「追星族」般對偶像瞭若指掌。

溝通的故事 ④ 難道老師不值得信任？

　　放學後，班長衝進辦公室喘著氣說：「老師，大頭和阿明又跑掉了！路隊還沒走到校門口，他們就不見了！」玉風老師安慰班長：「老師知道了！班長辛苦了，老師明天會找大頭和阿明來問清楚，你先回去吧！」

　　每天放學時，全班學生總是背好書包，等著玉風老師的叮嚀，然後用很有元氣的聲音說：「老師再見，大家明天見！」接著老師再陪學生走到校門口，交給交通導護老師與導護志工。升上了六年級後，玉風想：這些孩子再一年就上國中了，應該獨立些。所以，不再陪他們走到校門口。沒想到，阿明和大頭仔就這樣大膽地半途開溜，明天非找他們問清楚不可！

　　隔天一早，玉風老師詢問時，怪的是，阿明和大頭仔卻什麼都不肯講，只一直搖頭，不然就說：「老師，我們真的有事啦！」玉風心想，我當了你們一年的級任老師，每天朝夕相處，有什麼不能說的呢？但是，不管玉風怎麼問，他們就是不肯說。

　　玉風望著眼前這兩個小男生，難道邁入青

春期的孩子，都會這樣怪怪的？為什麼學生不肯說實話，難道她不值得信任，還是小學生也有難言之隱？如果，他們真的不說，她這個級任老師要怎麼當下去呢？

玉風冷靜下來想想，其實，學生做錯事又不肯說理由，是常有的現象。或許他們害怕被懲處，或擔心老師通知家長，回去會挨罰；也或許他們在試探老師權威的底限。遇到這種情景，唯有先按捺住自己的脾氣，誠懇地與學生溝通，表明老師只想知道「為什麼」，不是要處罰他們。等到學生覺得有安全感了，自然會說出答案！

問題與思考

**▶ 王淑俐教授
的回響**

　　玉風老師對於學生不肯對她說實話，解釋為：「難道老師不值得他們信任，還是，小學生也有難言之隱？」她覺得：「有什麼不能說的呢？」「他們真的不說，她這個級任老師要怎麼當下去呢？」這樣的想法會把自己「限定」住了，還好她轉念為：

　　先按捺住自己的脾氣，誠懇地與學生溝通，表明老師只想知道原因，而不是要處罰他們。

　　當然，在學生說出「真相」後，老師就得言出必行；不能事後反悔，又施以處罰或告訴家長。否則，學生上一次當之後，就難再信任大人了。適可而止，在職盡責，寬容善解，尊重諒解的性格特質，是師生瞭解與溝通的基礎。

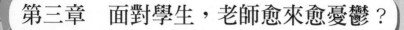

第三章　面對學生，老師愈來愈憂鬱？

王淑俐

或生而知之，

或學而知之，

或困而知之：及其知之一也。

或安而行之，

或利而行之，

或勉強而行之：及其成功一也。

　　　　　　——《中庸》第二十章

> 教學中難免「踢到鐵板」而受挫，若程度嚴重，超過想像，該怎麼辦？

溝通的故事 ❶ 硬碰硬，兩敗俱傷

就讀私立高職一年級的葉生，與老師發生了衝突。教官室中，他在自訴表「事實經過欄」上寫著：

上數學課時，老師走到我的座位旁，很不高興問：「為什麼不抄筆記？」我說：「我聽不懂，抄筆記有什麼用！」老師就拍我桌子，並罵我：「怪胎！什麼都不像！你父母是怎麼教你的！」我說：「妳不能罵我爸爸媽媽，他們跟我上課有什麼關係！」當時我想到我爸跟我媽已經離婚了，心裏很難過。老師叫我閉嘴，說如果我不想上課就出去，我真的很氣，就拿起椅子往黑板摔過去。

我覺得老師在班上罵我父母很不應該，他們又沒得罪她。我離開教室準備回家，但教官不准我回家，就要我到教官室。

葉生砸向黑板的椅子，不小心傷到數學老師的腳掌。下課後，老師由女教官陪同前往醫

院，幸運的是骨頭並未斷裂。之後，數學老師請了假，不發一語地離校。葉生的母親趕到學校，由導師陪同，與葉生一起進行會談。

葉生的父母離異，但最近父親常酒醉後回家騷擾其母；葉生護母心切，與父發生爭執，甚至暴力衝突。母親含淚請求學校及老師諒解葉生的心情，甚至下跪請罪。母親說，其實葉生是很懂事的。因為母親獨立負擔家計，工作常要輪夜班；所以，葉生在家要負責照應外婆和弟妹三人。此事葉生十分後悔，願意向數學老師道歉。

數學老師連續兩天以身體不適為由，沒到校也不接聽電話。人事室主管與各單位主管前往探問，她也避不見面。導師和教官想帶葉生及葉母去探病，亦遭拒絕。學校用盡各種方式和管道，想和數學老師取得聯繫，均無回應。為此，校長、家長委員會、校內同仁等，都十分擔心。

兩天之後，數學老師未返校也沒有繼續辦理請假；人事室基於關懷，主動為她再請三天假，並一再聯絡仍音訊全無。兩個禮拜後，人事室並未簽辦數學老師「曠職」，保留相當大的處理空間。葉生則留在家中，等候學校議處

的通報。

第三個禮拜的某一天，校長收到數學老師的來信，她說：

非常抱歉，讓大家費心了，現在我很好。我沒有勇氣再去面對學生，幾次想打電話和校長深談，可是，就是理不出一個頭緒。「逃避」不是明智之舉，卻是目前唯一的選擇。因為如果不再充實自己，我自覺將無力勝任教職。無奈的痛楚，要不是經歷，誰都難以體會。外子會代我到校辦理離職手續。由衷地感謝校長及同仁們對我的關心和愛護，更祝福大家諸事順利。

這位數學老師是學校的資深老師，和同仁的互動相當良好，如此的結果，大家同表遺憾，但也沒人知悉她的現況。葉生的母親從導師處獲知數學老師辭職的訊息後，不等學校的議處通知，就立刻帶著葉生到校長室、訓導處、教務處、實習輔導處、導師室等，以幾近九十度鞠躬，含淚致歉；最後在導師陪同下，辦了「自動退學」手續。

問題與思考

▶ **高強華教授**
　的回響

教師的自尊自信和教學專業表現（professional performance）密切相關。如果班級經營不善，教學方法與技術的運用未盡妥當，以致無法表現教學效能時，壓力和挫折感一定很大。即使擁有高學歷、穿著體面，但學科知能不足、師生應對進退之間的分寸拿捏未盡允當；或者缺乏教學熱忱，不能表現出帶好每一個孩子的教育理想，恐怕教學仍將困擾不斷、問題叢生。

自信、熱情、和藹可親、關懷體諒，都是良好教師必須具備的人格特質。美國心理學家馬斯洛（Abraham H. Maslow）在《動機與人格》（*Motivation and Personality*）一書中，提出「自我實現者」（self-actualizing people）概念，作為心理健康的標準。教師無疑應該是一位心理健康的自我實現者，如果學校教師的心理不健康，人格適應有困擾，或是自覺懷才不遇、沮喪挫折、消極悲觀、煩惱焦慮，相信對於班級氣氛的經營，一定令人擔憂。

問題與思考

具備「自我實現者」人格特質的教師，當然知道如何避免「硬碰硬」，如何避開「你輸我也輸」，這種兩敗俱傷、吃力不討好的結果。從組織行為理論（organizational behavioral theory）的觀點而言，組織中的個人難免遭到挫折，產生衝突、人際緊張，或者角色地位的混淆，凡此均會影響工作效率。有效的溝通可以讓組織成員抒發情緒，昇華挫折，消除緊張與對立，化解紛爭與衝突。此外，有效的溝通還具有激勵動機、提升合作精神、分享資訊或技術知能，以及控制組織規準或績效等多元的功能。良好的領導者，應當深切瞭解溝通的重要性。教師是班級的領導者，應借重有效的溝通，來化解親師生溝通的危機。

▶ **王淑俐教授的回響**

葉生的情緒表達不當，以致不小心打傷了老師。他的母親堅持由自己來承擔孩子犯錯的責任，這種做法令不少老師動容、感佩及感慨。老師「無心的語言暴力」，以及事後「情緒化的離

職」，固然情有可原（是嗎？），然而，除了逃避之外，有否更好的選擇？同為教育工作者的我們，是否也應自省，平日有否一些口頭禪或脫口而出的戲謔之言，以致無意間傷了學生的心、激怒了學生？

另外，老師遇到學生因情緒衝動而爆發暴力行為時，應如何處理？事後如何輔導？要學生道歉或記過，是最佳策略嗎？如果是誤解了學生，而造成學生心理受傷，又該如何補償學生？以葉生來說，可憐的單親媽媽獨自承擔「教子無方」之責，他日誰來協助她度過管教子女的困境？

在我擔任教師工作二十多年中，與學生的相處，百分之九十九都是愉快的。但也曾因自己的盲點，造成嚴重的師生衝突；現在想起來，心還痛痛的。那是在擔任教育學程中心（現更名為師資培育中心）主任時，在「陰錯陽差」、絕無「犯意」的情況下，「遲發」了實習老師的實習津貼。結果，學生寫信到教育部部長信箱及學校

的會計單位檢舉及抗議，甚至我還接到了匿名信。信中各種情緒宣洩的字眼，強烈暗示我及學校會計單位，將這筆錢「攔截」下來「不法生息」；更指責我不顧學生死活，要我好好反省。

實習津貼遲發，確因我督導不周；因為剛巧中心承辦此業務的是新進同仁，遲未收到教育部撥發津貼的公文，也沒想到去電詢問。不料，教育部也換了承辦人員，偏巧未交接此項業務，所以他也未依慣例，發文至各校請其申請津貼。我的「危機處理能力」太差，又沒有親自去電詢問教育部，以致釀成此次風波，還連累了會計室的主任背負「貪污」之名。

我雖不會侵吞學生任何一毛錢，但也不夠了解他們缺錢的痛苦。我錯在以為學生信任我，可以跟我無話不談。但忘了，在學生看來，我仍是具有權威地位的主任，有些學生未必真正了解我或相信我。

問題與思考

▶ **李玲惠校長**
 的回響

　　教育工作其實是一群身心較成熟的大人，引導著一群身心正待成熟的孩子，慢慢學習與成長的過程。所以，老師的人格特質，不僅應是心理健康的自我實現者，更是理想人生的實踐者。社會大眾都期望教師是身心健康、情緒穩定，比學生在思想上更成熟、氣度上更恢宏的人。誰都需要尊嚴，誰都愛面子，但是，當師生衝突時，社會大眾都期望教師（代表大人）能比學生（代表小孩）更為理性地收拾衝突的後果。

　　各讓一步才能製造雙贏，協調者（可能是行政人員）要設法讓「僵」在那兒的雙方，有台階可下。一般師生衝突事件的處理，都是找到一方先退一步，具體的行為就是道歉，例如案例中葉生的媽媽，願意下跪謝罪。但是，心裏受傷頗重的數學老師不僅不接受道歉，甚至關閉了溝通的大門，又該怎麼辦？

　　數學老師的創傷與無奈，我們可以理解，試想，在課堂中，學生不服管教，還當眾向老師砸

椅子,那種震撼、驚恐以及心中受傷的感覺,可以想像。老師面對這樣的創傷,心中所起的波動,的確需要一段時間才能平復;更需要一股強大的力量,才能重新面對學生。可惜,數學老師拒絕了溝通的機會,選擇以逃避作為自我療傷的方法。的確,那種心裏受創的感受,非當事人難以了解。但她獨自承受、暗自療傷的做法,更令人擔心!最後竟以離職收場,不僅是遺憾,更造成葉生與葉生母親長久的罪惡感。也難怪,葉生母親在老師辭職後,馬上帶著葉生鞠躬及退學。

這位數學老師算是個有責任感的老師,否則,她可以不在乎學生有沒有抄筆記,可以不需要在課堂中進行教室管理。如果可以重來,數學老師不僅可以接受葉生的道歉,還需要進一步的彼此溝通,將心中的想法真誠的說出來;如此,才能打開彼此的心結。整個過程中,行政人員、教官或輔導老師,要扮演協調者、陪伴者的角色;陪伴著雙方面對事件的處理,協調出令人滿

意的結局。必要時，行政單位還可以暫時調整數學老師的任教班級，或將葉生短期安置在其他地方，等老師的情緒冷卻了，重新建立新的想法與態度後，再回復往常的學校作息。

　　師生衝突若已發生，尤其發生在教學過程中，處理的重點在於師生彼此的情緒；只要雙方肯溝通，彼此的情緒皆被照顧到，各自的想法也被雙方所理解，才可能重新建立新的人際關係。辭職與退學的結局，其實是可以避免的。

溝通的故事 ❷ 為什麼老師會得憂鬱症？

報載一位年輕的女老師，在教師節當天的學校聚餐後，因遲遲未歸，家人到處尋找，最後發現女老師已上吊，死在學校的籃球架上。原因是，憂鬱症久病不癒。留下還未上小學的稚子，想來令人不勝唏噓。另有位不到三十歲的年輕女老師，因管教問題而遭學生報復，以致手部受傷造成功能受損；但不久卻死於胃癌，因為她每次想到學生竟如此對待她，就感到傷心及不可思議，胃癌可能是「眼淚往肚裏吞」的結果吧！

老師愈來愈憂鬱嗎？根據台北市教師會於民國九十及九十二年，對大台北地區中小學各約一千位教師的調查可知，教師的憂鬱比率「成長」將近一倍。民國九十年，台北市國民中小學教師近二成八患有潛在憂鬱症，約一成三老師有憂鬱症傾向，一成七必須尋求專業醫師的協助解決壓力。到了民國九十二年，四成八老師有憂鬱傾向。

台北市立療養院醫師楊添圍認為：

「問題的重點不在於二成八的老師是否有憂鬱症，而在於老師是否能夠排解自己的壓力

及情緒管理的能力。以過去實際的診療經驗，老師很少求助於精神科醫師。」（《中國時報》，民國九十年五月二十九日）

民國九十五年教師節前夕，金車文教基金會根據九百零九位小學老師的調查發現，近七成老師覺得壓力偏高，54％覺得憂鬱，主因是教育政策不確定、行政負擔太重、擔心減班調校、教師權威感下降等。

台北市立教育大學教授吳清山，於教師節撰文〈當老師真不快樂〉（《聯合報》，民國九十五年九月二十八日，A15）指出：

「歷年來一連串教育改革行動，已經把老師弄得疲於奔命，從事文書紙上作業的虛功工作，要比進行實際教學改進為多。老師無力感愈來愈大，心理的無奈愈來愈強。……現在家長參與和干涉校務愈來愈多，部分老師碰到不講理的家長，不管老師的教學方法、內容或班級經營都會有意見，……政治風氣不好，家長干預太多，又碰到部分媒體大肆報導血腥新聞，污染孩子純潔的心靈，導致老師要矯正和輔導孩子不當觀念、行為和態度，格外困難。這種沒有成就感的教學，教師徒呼負負，心中怎會快樂呢？」

▶ **高強華教授**
的回響

憂鬱症號稱「世紀之症」，必須綜合生理、環境、遺傳、心理、人際、家庭和醫學、藥理等，多角度和全方位來診斷。所有的人，無論其種族、性別、年齡、教育程度、職業類別、婚姻狀態或生活型態，都有可能遭到憂鬱症的侵襲。家族的憂鬱症病史、痛苦的童年、創傷的經驗、負向的自我觀念、飲食或藥物方面的習慣失調，都可能造成絕望、退縮、疏離和悲傷無能感，日積月累，漸漸停滯麻痺和虛耗衰頹的結果，終將使人無法跳出憂鬱症的泥淖漩渦。

學習樂觀和樂觀學習，都需要恆毅功夫，建立嶄新的生活習慣與方式，接受專業醫療人士的建議，都有助於對抗憂鬱症。在憂鬱症流行的校園裏，強調「君子有終身之憂，而無一朝之患；小人反是」，或許是牛頭不對馬嘴，未盡理解深刻的說法。但是正如彼得‧克拉瑪（Peter Kramer）說的：「藥物永遠不能代替家庭所能給予的精神支柱。」憂鬱症究竟是一個無底的深淵？或是一個高熱的熔爐、一條漫長的隧道、一

面無法跨越的圍牆、一張錯綜複雜的大地圖、一道遙遠壯觀的橋樑？取決於「自我力量」（self-strength）之強弱。這也考驗著我們的親情、友情、生活方式，和醫學專業人士的智慧。什麼樣的人真懂得莊敬自強？真能夠行健不息？真能力行樂天知命？真能逆境求希望、顛沛見生機？這些都是自信與熱情的教師宜以生命相許，拿智慧賭明天的關鍵能力。

▶ **王淑俐教授的回響**

雖然老師有各任教的學科專長，但不見得擅長情緒管理。而且老師一向被賦予完美的形象，所以不由自主的「否認」自己「有問題」。為什麼老師很少求助精神科醫師？或說，為什麼老師「不敢」或「害怕」別人知道自己罹患精神疾病？可能是社會期望或壓力，更現實的則是攸關「生計」或「前途」。依據「教育人員任用條例」第三十一條（教育人員之消極資格）規定：「具有左列情事之一者，不得為教育人員；其已任用者應報請主管教育行政機關核准後，予以解聘或

免職。」

其中第六款即為：「經醫師證明有精神病者。」

什麼是精神病？憂鬱症是不是精神病？依據「精神衛生法」第三條規定：「本法所稱精神疾病，係指思考、情緒、知覺、認知等精神狀態異常，致其適應生活之功能發生障礙，須給予醫療及照顧之疾病；其範圍包括精神病、精神官能症、酒癮、藥癮及其他經中央衛生主管機關認定之精神疾病。」

根據美國精神醫學會「精神疾病診斷準則手冊」（DSM-IV）的重鬱發作的症狀，指：「至少兩週期間內，同時出現下列症狀五項（或五項以上），且呈現有原先功能的改變；(1)憂鬱心情；(2)失去興趣或喜樂，此兩項症狀至少應有其中之一。」憂鬱症狀如下：

1.常常感到情緒低落、沮喪，或絕望。

2.對日常活動都失去興趣或樂趣。

3.胃口不佳、體重顯著減輕或食慾增加、體重顯著上升。

4.失眠或睡眠過度。

5.精神狀態激昂或呆滯。

6.常常感到疲勞或缺乏活力。

7.感覺自己沒有價值感，或過度不適當的罪惡感。

8.覺得很難集中精神或思考力，或注意力減退或猶豫不決。

9.反覆想到死亡或自殺的意念，或企圖自殺。

「憂鬱傾向」與「憂鬱症」又有何差異？符合憂鬱症症狀，是否真為憂鬱症，這還需精神科醫師進一步診斷。但至少可推估：老師是罹患憂鬱症的高危險群，老師需要在情緒管理上予以輔導與協助。

雖然不少老師有憂鬱傾向，但有些人可能設法隱瞞，「絕不」承認自己有憂鬱症。如此不僅

延誤及早就醫的黃金時機，也讓學生的學習生活「暗藏危機」，受到老師的負面影響。所以在鼓勵老師就醫之同時，應先保障老師的工作權。如「精神衛生法」第四章「病人的權利」第三十六條中所說：「病人之人格與合法權益應受尊重及保障，不得予以歧視、虐待或非法利用。對於已康復之病人，除能證明其無勝任能力，不得以曾罹患精神疾病為由，拒絕入學、應考、僱用或予其他不公平之待遇。」

台大心理系柯永河曾撰文〈教師的情緒管理〉，其中說：

現代工商業社會的教師不如從前農業社會的教師，那樣受盡學生及家長的尊重。……學生打老師，……在平常的日子裏也會發生。……家長氣呼呼地跑進校長室大罵甚至打傷教師。在工商社會裏，校園倫理已不如預期；若一味認為是學生不好、家長不好、同事不好，所以導致人際相處困難、造成自己不快樂，那麼教師可能還要

繼續憂鬱下去，而且更加憂鬱。為了達成心理平衡，老師得重新自我調適。此時，情緒管理及人際溝通技巧即可相互為用、相得益彰。

如何有效的減輕或抒發壓力？

1. 肯定自我價值：老師常擔心自己跟不上時代的進步而降低價值，其實只要不迷信所謂「明星老師」的觀念，給自己「日新又新」的成長壓力，仍能創新自我價值。

2. 重建校園倫理：唯有與現代的學生、家長、同事「打成一片」，才能「知己知彼，百戰不殆」。抱怨及疏離，只會使自己更孤立。

3. 注重生活品質：睡眠、休閒、家庭生活、運動等，雖不具有直接的工作效益，卻是工作的動力來源。唯有注重生活品質，才能擁有源源不絕的動力。教學時才能活力十足，與人相處時才能開朗樂觀，不會那麼容易「被激怒」或「不耐煩」。

4. 提升溝通技巧：說得多不如說得少，說得少不如說得巧。所謂「言多必失」、「禍從口出」、「得饒人處且饒人」、「人情留一線，日後好相見」，這些人際相處的智慧，值得用心琢磨。

　　教師這一行承擔著「己立立人，己達達人」的責任，非得先把自己調整好不可。平時即應「預防勝於治療」，隨時注意自己的心情。若有需要時，須尋求專業人士（精神科醫師或心理師）的協助，不要自誤誤人。

第二篇

親師篇

在台灣沉重的升學壓力之下，父母將所有期望聚焦於升學之上，與升學無關的，被當成是浪費時間。因此，運動明星為自己的英、數、理化成績不好而自卑；想像力豐富的孩子，為自己不能循規蹈矩而受罰。常態編班的措施，總讓家長和教師之間爭辯不休。青少年的多元興趣、多元智能、創意培養，和抽象思考批判能力，全都在「輸人不輸陣」的補習街裏，輕易的被虛擲損耗。

父母為了讓孩子專心於課業，對於社團活動、志工服務、同儕交友方面，限制甚嚴。許多教師在類似的環境之中成長，所以和家長的看法如出一轍，皆以升學第一、分數優先。教師與家長之間高度的同質性，使得社會的積弊依然。學校教育的形式主義、孤立主義和升學主義，數十年來依然故我；這些均是青少年苦悶與挫折的源頭。

一窩蜂的補習、出國、升學，對孩子的成長與學習是對是錯？其實應該從適性發展的角度來衡量，否則，教師重視豐富多元的課程活動，家長卻強調精熟考試有關的教材；教師強調社區與鄉土教育，家長卻重視國際視野和語文資訊的能力。同時承擔家長和教師雙重期望的孩童，學習的負荷只增不減，壓力日積月累，情緒的困擾難免影響人格的健全發展。

因此，親師之間的關係，究竟是合作抑或競爭？是合作之中有競爭，或是競爭之中有合作？親師之間的對立緊張或敵意衝突，是必然存在的現象？或者親師之間的溫馨友善、互助互利，才能真正有助於青少年的發展？值得深刻檢省與系統建構。

第四章　養子不教，誰之過？

高強華

凡事豫則立，不豫則廢；

言前定則不跲，

事前定則不困；

行前定則不疚，

道前定則不窮。

—— 《中庸》第二十章

家庭文化的內涵，不應局限在美食、購物、影音文化和休閒旅遊。舉凡孩童的閱讀興趣、生活常規、時間和金錢的支配、人際溝通、情緒控制，對文學、藝術、運動等興趣的培養，才是教養子女的重點。

泰國及印度的馴象師，在小象出生不久，便用鐵鍊將牠拴住，只提供小小的活動空間。小象即便成年，體格壯碩、力拔山河，即使已沒有鐵鍊控管，還是一輩子乖乖的搬舉重物，不會脫逃。「教養方式」對孩子一生的影響，亦有異曲同工之處。

溝通的故事 **1** 小倩的幽魂

小倩是個開朗、樂觀、善解人意的國二學生，每天快樂的上學、準時回家。父母經營電器行，經濟情況頗佳。小倩雖是家中么女，深受父母兄姐寵愛，但十分乖巧，只要有空，都會主動幫忙做家事。學校成績雖然不是頂尖，但也不必父母擔心。有事外出一定留字條，無法及時回家，也會以電話通知家人，是個令父母放心的好女兒。

在學校，小倩也是個好同學，樂於助人、善體人意，所以人緣極佳。在導師及任課教師眼裏，小倩活潑外向、善於關懷他人。從不曾發現小倩在學習、生活、交友、品行上，有任何異狀。

一天晚上，小倩跟父母說出去找朋友，但十時左右與朋友分開後，卻未返家，亦未與父母聯繫，當晚父母即向居住地派出所備案。兩天後，父母才以電話告訴班導師事情原委，老師建議父母趕緊報案，小倩父母於是向派出所正式報案。導師及學校也透過班上同學及各種管道協助尋找，但都沒消息。

六天後的上午八時，小倩的母親哭著告訴訓導主任，孩子已經在新店一棟公寓遇害身亡，兇手是她國小畢業旅行時，承包旅行社的康輔大哥哥。兇手對小倩是因愛生恨，才失手悶死她。在辛亥路第二殯儀館的告別式上，與小倩最親的姊姊傷心過度、不支昏倒，同學及導師也都無法接受這個事實。

小倩失蹤期間，父母整理她的個人物品才發現，她除了參加校外補習，還去打工。手機中留有不少陌生男性的電話號碼。更發現，小倩密切交往的康輔大哥哥，不只一人。破案後，兇手懊悔不已，並坦承與小倩已發生多次親密關係。

▶ **高強華教授的回響**

　　小倩的事件，暴露出學校輔導網絡的一大漏洞。老師們一向認為，有明顯偏差行為的個案，才是需要投入資源的輔導對象，於是忽略了看來循規蹈矩的乖小孩。學校對於一般學生，是否有所了解、關懷？對於被認為是好學生卻潛藏危機的一群人，又該如何未雨綢繆？兩性交往與性行為的正確觀念，應如何有效、正確的教給學生？

　　家長的親權行使，亦是問題重重。為什麼父母平時不曾察覺孩子交往或行為上的問題？但是檢討再檢討，也無助於紓解小倩父母的悲慟，更無法保證能夠避免悲劇再一次的發生。誰該負責呢？小倩的幽魂啊！在寂天寞地之中飄遊……

　　學校設備精良充實，師資素質的優異，課程與教材的統整或創新等，固然重要；但小倩的生命，卻是更加無可取代的。輕重緩急之間的取捨抉擇，只是一念之間，卻影響重大，攸關生死。所謂「一失足成千古恨，再回頭已百年身」，可不慎乎？

▶ 王淑俐教授
的迴響

　　為什麼父母與老師「都不曾」察覺小倩有嚴重的兩性交往困擾？一方面可能因為學校只注意「行為嚴重偏差」的學生，對於「一般」學生難以兼顧；也就是對所謂「好學生」，無法未雨綢繆。父母的態度亦然，以為子女表面看來沒事，就等於沒事，所以很少用心探詢。

　　再來的原因可能是，父母、老師與小倩之間的「溝通品質」不良。他們平時如何與小倩溝通？有多少時間溝通？溝通的效果如何？當小倩有困擾或碰到「大問題」時，為何不向父母或老師傾訴？

　　此章名為「養子不教，誰之過？」，就是認為父母應承擔較多管教的責任；他們應該探查子女有沒有問題，而且子女有問題時也應先向父母訴說。因為，老師哪有可能注意到每個學生，不可能與每個學生都進行溝通。這樣也許說得通，但卻不一定正確。因為，不少父母的管教觀念及做法，是偏差或不足的；他們自己就需要導正及

扶持，如何有能力正確教養子女？加上中學階段「一窩蜂」的重視升學，父母屈從於「考試第一」的觀念，較不注意甚至刻意忽略青少年真正在意的事，如兩性交往與性行為的問題，所以平時也很少與子女談論此事。

老師呢？是否也應承擔部分「養子不教，誰之過？」的責任？是否能示範正確的管教態度？有否關心青少年真正在意的事？是否能讓學生的情緒有個出口？有問題時，能否提供學生一個及時求助的管道？這些都不是「呼籲」或「檢討」就能了事，而是師資培育及教師在職進修須培養的關鍵能力。

溝通的故事 **2** 中輟生的個案輔導

國二的曉玲，還有一個讀國一的妹妹。她的脾氣很壞，時常罵髒話，曾有毆打國三學姐的不良紀錄。接受輔導時，已經被記大過三支、小過五次。自認是學校的大姐頭，連男生也怕她三分。

父親是大貨車司機，亦是社區角頭，常有三教九流到家中喝酒。父親有外遇，酒後常毆打母親。母親逆來順受，對丈夫的所作所為只有忍耐；妹妹也是個兇巴巴的人，時常打人、罵人。

曉玲國小時功課不錯，但國中開始變得不愛讀書，成績常「吊車尾」。多次的晤談後，校方了解其行為是受到父母的影響，打人、罵人模仿自父親。看到父親打母親，雖忿忿不平，但也幫不上母親。久之就誤以為「有暴力就會有權力」。

國文老師發現她的字寫得很漂亮，文筆也算通順；詢問她國小求學情形後，得知功課還不錯，於是稱讚她：「字寫得好的人，命會比較好。」的確，曉玲長得很清秀，不像大姐頭，這使她產生向上之心。

　　有一次輔導活動課，老師運用「瓶中信」的活動，來教導「生命教育」。老師說：「假想全班同學畢業旅行，乘船到小琉球旅遊。半途颱風來襲，船被打爛，船長告訴大家，還有半個小時將會沉船，請大家將遺書寫在紙上，放入瓶中。」（配上狂風暴雨的音響，教室布置成漆黑一片，只開一盞小燈）

　　曉玲寫的內容如下：

　　「親愛的爸媽：我以前一直讓你們生氣，實在很不孝順，現在我要走了，不能再孝順你們了，讓你們把愛給妹妹吧！ 女兒○○絕筆」

　　事後，曉玲與國文老師談及此事，顯得非常成熟懂事。

　　導師也給予曉玲更多的鼓勵與包容，並主動做家庭訪問，常與其父母聯絡。之後曉玲的進步，連校長和訓導主任都予以讚美及肯定，曉玲則將功勞都歸給導師。

　　一年後，小玲國三時，果然表現優秀，居然考到全班前五名，行為也改正許多。後來一直表現不錯，德育總成績也過關，終於能順利拿到畢業證書。

▶ **高強華教授**
　的回響

　　由儉入奢易，由奢返儉難，人的心總是易放難收，人性總是好逸惡勞，誰說「吃得苦中苦，方為人上人」？今天的e世代青少年，在消費的年代裏習慣了奢侈和消費，從小在「我要」、「我還要」、「我一直都要……」的模式中成長，習焉不察的結果，就成了隨世浮沉、無法明辨是非善惡的凡夫俗子啦！

　　幸好宗教家總是示範明善行善，教育家也總是能夠引導價值的正確選擇。苦口婆心的老師，諄諄告誡的教官或學務主任，輔導諮商不遺餘力的社工人員等，都是人生十字路口指點迷津的生涯貴人，是慈航引渡的大船師。知道如何因材施教，如何善為導引，如何助人利他。徘徊在人生十字路口的青少年們，應該主動求助，才能更快找到人生的光明指引。

▶ **王淑俐教授**
　的回響

　　學校發現曉玲的不良行為，是受到父母的影響，尤其是看到父親打母親，雖生氣卻又幫不上

母親的忙；久之，矛盾的心理就轉移成「暴力等於權力」的錯誤認知。

「幸好」國文老師發現她的字很漂亮、文筆通順，而能適時讚美她，使她產生向上之心。加上導師「明確表達」對她的信任，常予以鼓勵與包容；還能「主動」做家庭訪問，和曉玲父母保持聯絡。這樣的「教育愛」，才是曉玲成長與改變的養料（現在能做家庭訪問的老師，已經很少了，值得表揚）。之後，曉玲還能得到校長和訓導主任的肯定，所以，終於在包容、鼓勵、讚美等「好環境」的滋養之下，曉玲回復了上天賜予的「好模樣」。

容忍、鼓勵、讚美、肯定等「好話」，影響真有那麼大嗎？老師說出好話，等於選擇以「正向角度」看待學生，才不會產生消極心態，認為對學生「心有餘而力不足」。學生聽到好話，才能從「正向角度」觀照自己，不再自暴自棄、向下沉淪。

溝通的故事 ❸ 輔導主任的心聲

　　擔任輔導主任的兩年裏，我看到許多不良少年不為人知的一面。單親家庭的比重極高，或是父母忙於生計、耽於玩樂、情緒失調，因此對孩子的教養過分放任、不聞不問，或者失之尖刻、動輒打罵。有的父母則是零用錢給得太多，讓他們得以呼朋引伴、夜夜笙歌；有些父母則十分吝嗇，讓孩子處於挨餓邊緣。我常想：如果我是這些孩子，會不會也跟他們一樣，對世界充滿了失望和恨意？

　　以下的例子，只不過是我在一年中處理的眾多案例的一小部分。看到年紀輕輕的孩子，原該無憂無慮的年齡，卻因家庭功能不彰、學校教育僵化，導致他們選擇從學校、家庭中出走，提早到社會的黑暗角落掙扎，實在令人心痛及不捨。

　　應該讀國中的文玲，已中途輟學一年半了。因贓物罪移送少年法庭。與觀護人交換條件，才又回到學校。剛做過墮胎手術的她，自責甚深，更疑惑不已；因為姐姐告訴她：不是那麼容易懷孕的！姐姐也在國中輟學，現與男友同居在外。

父母已離異，母親再嫁，父親近日即將迎娶大陸新娘。父親常往返於兩岸之間，對文玲不太關心。家中還有一個弟弟及祖母，祖母非常討厭文玲，常對她惡言相向。所以，只要爸爸不在台灣，文玲就外宿，不願回家。

　　婉琪因為父親家暴，改由母親及繼父監護。她與妹妹剛轉學到新學校，但不到一星期即不見人影。詢問母親後發現，母親的態度消極、反覆、不願吐實，妹妹則說：姐姐一定是逃回桃園，與朋友一起住了。果然，婉琪因男女雜居而被警方送回台北。校方輔導她時，她說：「老師！我一定會再走，因為媽媽與我形同陌路，這裏根本不是我的家。」

　　克強也是轉學生，過去曾遭多所學校拒收。克強常與不良少年廝混，父母幾已放棄管教。與導師發生口語衝突時，他大聲叫囂：「這是個爛學校，要不然，怎麼別的學校都不收我這個爛人，只有你們收我？」

　　「養不教，父之過；教不嚴，師之惰。」這句話把今日青少年的問題描述得一針見血！但是有誰可以監督、要求或協助這些「不為」或「不能」的父母克盡職責呢？當公權力，如警方、強迫入學委員會、少輔會等，遇到親職

不彰，仍無法給予強制教育的力量時，學校也只能眼睜睜看著孩子，向罪惡的深淵趨近而束手無策。我們的社會，能不能像日本，用輿論牽制父母，不盡職的就會被鄰里訕笑或遭人唾棄。或是像英國，以父母參加班上的各項事務的勤惰給予分數、發給成績單，提醒父母善盡親職；若孩子在校表現太差，就請父母至校陪讀，讓家長共同負起教育學生的責任。如此父母及學生備受壓力，自然有所警惕，進而注意自己的行為，不致過分失序。果真如此，青少年的輔導自然容易許多。

其次，在學校裏，有些教師或行政人員仍固守一元的價值觀，常以本身的標準來要求學生。只求教學績效，卻忽略人格陶冶；對於不良少年，往往不假辭色，視之為眼中釘，去之而後快。惡意諷刺的有之，逐出教室的有之，甚至還強迫轉校。將他們當人球般踢來扔去，無視其為人的尊嚴，毫不在意他們離開了學校，到底要何去何從。教育本該是有教無類、誨人不倦、因材施教、百年樹人的神職聖業，如今落得僅供餬口。我們是不是該關心：帶著恨意離開的孩子，對自己及社會絕望後，反噬的力量有多大？會不會因此產生更多的陳進興

或是張錫銘？

　　其實，這些孩子要的真的不多，誠懇的讚美、適時的鼓勵、多方的指引、時時的加油打氣，就可以讓他們絕處逢生、重拾信心。或許我們的努力並不能讓他們改變，但仍要告訴他們：無論身在何處，永遠記得地球的某處，有人衷心為他祝福，希望他不斷努力。其實他們都能體會老師的用心，而努力防止不良行為再度發生。所以在我的眼中，學生都是善良可愛的天使，充滿了令人感動的人性光輝。

問題與思考

▶ **高強華教授**
的回響

　　空有華廈美服而缺乏愛心關照，中輟生浪跡天涯，永遠是徬徨迷惑而無依無憑的。依照強迫入學條例之規定，中輟生由學校教師輔導復學，如仍未復學，則由學校交由當地強迫入學委員會執行「限期入學」、「警告」、「罰款」等程序。但由於強迫入學委員會之組織並未健全，專責人員少，經費不足，罰款之執行未能落實；加上許多社經地位較低之家長，根本不知會受罰，因此強迫輔導復學之績效並不理想。此外，教育部雖時有統計，終未能有效分析其趨勢，也未能據以判斷各校實際輔導復學的情形。是以當長官強調時，則呼籲各校注意；未強調時，則任由學校自行處理。學生中途輟學率是評鑑學校效能的項目之一，中輟生人數多，就是辦學績效差，因而因循敷衍、隱匿真相的問題始終存在。

　　歸納學生中輟的研究，大致有下列因素：

　　　1.個人因素：身心發展障礙、學習適應困
　　　　難、心理或情緒困擾、自我觀念或價值觀

的偏差。

2.家庭因素：破碎家庭、貧困家庭、問題家庭、父母管教方式及態度不當、父母價值觀念偏差。

3.學校因素：缺乏人性化的管教方式、統一的課程教材、教師教學末能兼顧個別差異、缺乏適當的活動課程及場所、升學主義盛行扼殺學習興趣。

4.社會因素：社會風氣趨向奢靡、不良娛樂場所充斥、不良大眾傳播媒體的影響、幫派黑道組織的牽引及利用。

雖然教育部積極推展朝陽方案、璞玉專案、春暉專案等，期能減緩中途輟學現象。但是家庭、學校和社會的變遷交互影響，校園疏離感與日俱增。許多教育人員面對復學學生，都有「找回一個帶走三個」的顧慮。社工人員也表示，一般人往往認為中輟生是「大過不怕，小過不斷」，有些學生則沾染一些不良習性，受到教師

排斥，導致輔導失當而再度輟學。某些教師甚至強硬的向教務處表示不收這些「問題學生」，或婉轉而堅定的拒絕他們。中輟生本身的防衛心理已經很強，教師的情緒反應更直接傷害到他們的心靈，益增其桀驁難馴的態度。當然也有許多有愛心的教師，花了許多時間、精力諄諄教誨，但最後卻有很大的無力感。這些都與中輟學生的心理轉變或再適應息息相關，但長此以往，惡性循環、劣幣驅逐良幣的結果，校園裏的危機重重，實在令人顫慄不安。

如果家長與教師攜手，防範未然、防微杜漸；學生在愛的引導之下，從良善的校園之中循序漸進，人生的旅途當然更為穩健平順。

▶ **王淑俐教授**
　的回響

中輟生常有「萬不得已」的苦衷，比常人「複雜許多」的家庭狀況。文玲從國中輟學了一年半，之後被少年法庭安排回到學校。人雖然回來了，心情卻亂得無法安心讀書。剛做過墮胎手

術的她，心中充滿自責與疑惑。其他家人的狀況也好不到哪兒，姐姐也在國中時即輟學，目前與男友在外同居。父母離異，母親再嫁，父親即將再娶，雙親對文玲均不關心。家中還有一個祖母，但祖母卻非常討厭文玲。所以，只要爸爸不在台灣，文玲就不願回家。

婉琪因父親家暴而由母親及繼父監護，轉到新校才一星期即失蹤，又逃回桃園，與男女朋友雜居。她覺得：媽媽與她形同陌路，哪裏才是她的家？

中輟生不僅因為「無家可歸」，就算回到學校，也不見得有歸屬感。因為，學校常擔心中輟生「找回一個會帶走三個」，一般老師對中輟生多少有些成見及排斥；有些教師甚至強硬表示不收這些「問題學生」，還有老師直接認為他們無可救藥。這些態度導致輔導失當，使學生再度輟學。

「飽漢不知餓漢飢」，看到輔導資料上記載

著：爸爸打媽媽、與繼父同住、爸爸冷漠以對、
媽媽視同陌路、奶奶很討厭我等，對於生長在溫
暖健全家庭的人來說，很難真切的想像。當我們
不解：他們為什麼逃家、與男友同居、墮胎、男
女雜居時，也犯了「何不食肉糜」的錯誤。當一
個人沒飯可吃，同時也失去了其他選擇，所以儘
管我們感慨：「養子不教，誰之過？」但若家庭
已無法提供健全的管教與關懷，老師還能「視而
不見」嗎？學生的家庭及行為問題，雖不是個別
老師所能解決，但只要有「救一個算一個」的教
育熱忱，這些問題家庭的可憐孩子，一定能感受
到人間的溫暖，激發出自救自立的動力。

▶ **李玲惠校長**
  的回響

多年前，在全省國中校長甄試的口試會場
上，我被口試委員問了一個問題：「您從事輔導
青少年工作這麼多年，您怎麼看待青少年問
題？」我不疾不徐地回答著：「青少年在成長過
程中，一定會有問題，如親子、學習、情緒、兩

性、同儕等；有的會呈現出外顯行為，有的則是內隱在心中。不管是什麼問題，重要的是，有沒有大人（可能是老師，也可能是家長）陪孩子過關。」這不僅是我當時的答案，也是我從事輔導工作多年來，一直堅持的信念。

人生下來都有「被愛」與「愛人」的本能，若得不到滿足，就會產生不適應的行為。而成長中的學生，每天接觸的不是家庭，就是學校。所以，在輔導經驗中，來自破碎家庭的孩子，如家庭功能欠缺、父母配合度低、無心也無力教養孩子，就會讓學校教育的功能打了很大的折扣；但另一方面，我也最喜歡輔導這類學生。原因是愈欠缺家庭溫情，少了親情滋潤的孩子，學校的管教、老師們的愛，愈容易著力。案例中的曉玲也好，文玲、婉琪也罷，都在家庭中得不到關愛，也看不到「重要他人」適切的身教，無法得到行為的楷模。如果，學校教育再不著力，不能透過老師的關愛、合宜的輔導策略，教導這些邊緣的

孩子，讓他們在成長的過程中，感受到「被愛」的滋味，則很難避免他們成年後產生反社會的行為，更遑論日後能去關愛他人了。

在輔導的過程中，不管是諮商式的師生溝通，或是親師溝通，輔導人員要著重「同理心」的運用。試想，哪一個人不希望出生在一個良善之家，父母社經地位高、經濟條件佳、具有很好的教養能力，自己也長得眉清目秀、聰明伶俐？哪一個父母不希望自己的孩子聰明、可愛又懂事，物質條件上無須為三餐勞勞碌碌，有充裕的財力及時間好好栽培子女？

但現實社會就是這麼殘酷無情，人人有夢，但多少人能夢想成真？世事豈能盡如人意？所以，輔導人員或老師在面對這種學生或家長的時候，能多一些包容，多站在對方的立場想一想，善用溝通的技巧，讓學生感受到被理解、被真誠的關心，讓這些無奈的家長感覺到被支持，如此，輔導才有功效，青少年的問題行為也才能減緩。

第五章　親師間的擦槍走火

李玲惠

人一能之，己百之；

人十能之，己千之。

果能此道矣，

雖愚必明，雖柔必強。

——《中庸》第二十章

不管是舊制師範院校的師資培育系統，或多元開放後的師資培育新制，要成為一名正式教師，都必須經過一定的專業程序；也就是說，教師要具備專業執照才能上路。但是，身為一生啟蒙的第一位老師——父母，卻不用取得任何執照或許可，就可以養育子女。也就是我們常聽到的：「生了孩子之後，才學習如何當父母的！」

　　從教育的歷程來看，父母和教師若能立場一致、攜手合作，定可發揮正面、積極的教育效果；反之，學生則會無所適從！

　　身為教師或家長，都希望對方能了解自己的想法、彼此相互支持；然而，事實卻常非如此。教師與家長間因學經歷等背景不同，想法很難契合。加上老師與家長的關係是間接的，接觸機會不多，要很快建立共識更是不易；稍一不慎，即可能擦槍走火，演出親師衝突的戲碼！且看以下幾個案例。

溝通的故事 ❶ 棋子風波

　　冬冬的媽媽接到冬冬就讀的國中寄來的一封掛號信，冬媽心頭一震，趕忙打開，竟是冬冬的記過通知書，理由是「偷竊」，這對於冬媽而言真如青天霹靂。自己雖是單親媽媽，卻每天努力工作，含莘茹苦的撫養姊弟兩人，無非是要他們接受最好的教育。沒想到，這一切的努力，卻換來孩子偷竊記過的通知書。冬媽強打精神，請了半天假，決定到校問個清楚！

冬媽找到冬冬的導師——林老師，才知道事情的原委。原來是下課時，兩位同學玩下棋，正是緊要關頭，冬冬伸出手在棋盤上抓了一個「將」棋，下棋的同學直嚷著：「還我！快還我！」冬冬嬉鬧地說：「就是不還！」還隨手把棋子往窗外一丟，說：「將什麼將，看你拿什麼將軍！」同學很生氣地向導師告狀，林老師衝到教室，要冬冬把棋子找回來；冬冬一溜煙的跑掉，林老師只好帶著同學在教室內外，爬上爬下地找那一顆棋子。

　　冬媽聽完後，不好意思地對林老師說：「我知道冬冬很皮，如此作弄同學實在不應該。但是，是不是一定要記一支過，才算是教訓他呢？何況用『偷竊』這樣的字眼，對孩子也是一種傷害。」

　　「不是『偷』，難道是『搶』？冬冬的媽媽！你們冬冬這樣作弄同學不只一次！怎麼講都講不聽，我實在忍無可忍，才會記他的過啊！」

　　「老師！您要怎麼處罰，我沒意見，只希望不要在學生記錄上留下『偷竊』這兩個字。我不希望他被當成小偷啊！他不乖，我知道，但不至於是個小偷吧！」

「我只負責提獎懲建議，至於最後要記什麼過，要引用哪一條校規，那是訓導處的事，您去問訓導處吧！」

冬媽悻悻然地跑到訓導處，找到承辦學生曠缺課、獎懲登記的幹事小姐，問明記過通知書的「獎懲事由」是誰決定的。吳小姐回答：

「是林老師在獎懲建議書寫上『偷竊棋子擬記過乙支』，主任批准後，我就在獎懲通知書打上『偷竊事件』。難道要我寫『偷竊棋子』嗎？笑死人！這是導師的問題，怎會是訓導處的事？」

「小姐，您可以讓我看看獎懲建議書嗎？」

吳小姐從一疊文件中，找出其中一張拿給冬媽，說：「你看，上面不就這麼寫的嗎？還有導師的簽名哩！」

冬媽又惱又怒地離開學校，皮包裏多了一張獎懲建議書的影印本。等冬冬回家，一定要好好罵他一頓。怎麼生出這麼調皮的孩子呢？如果讓別人知道，她教出來的孩子在學校當小偷，她如何在親友面前立足呢？社區中的那些三姑六婆，又會如何在背後批評她呢？

冬媽愈想愈氣，看到冬冬進門，只想抓著棍子狠狠揍他，冬冬躲在一旁求饒，「媽！我

也不願意記過啊！平常我就會和阿毛他們嘻嘻鬧鬧，何況是下課時間。我看他們玩棋玩得太緊張了，才想鬧他們一下，也不過是一顆棋子嘛！是我們導師很機車，就這樣記我一支過，講都沒講一聲。記過公布之後，阿毛他們也嚇了一跳，他們說，對我很不好意思！可是，別班的同學都在笑我！」

冬媽看到冬冬雖然長得人高馬大，卻是一臉孩子氣，真是又生氣又心疼。事情到此，有什麼辦法可以補救？可以不要記過嗎？至少不要留下「偷竊」這個紀錄。

晚上冬媽出門，來到「○○議員服務處」，對著議員述說事情的原委，也攤開那張記過通知書。議員指示助理影印記過通知書，同時撥了電話給校長。校長表示不知情，記小過由學務主任決行，直接在電腦登錄，再列印記過通知書寄給家長。校長請議員轉達冬媽，請她明天抽空到學校直接找校長，她會很快解決這件事！

隔天，校長室裏，冬媽與校長的溝通還算愉快。這個校長就如同冬冬口中說的：「很好玩、很親切，也清楚青少年在想什麼。」交談中，校長試著將「拿棋子」與「記過」這件事

做個切割，意即沒有考慮到同學的感受，也沒徵求同學的同意，就出其不意地拿走棋子，還一溜煙的跑掉，這種不對的行為是需要糾正。至於，這樣的行為是否要記過處分，又是另一件事！校長一方面希望冬媽能配合調整冬冬的態度與想法，尤其是與同學開玩笑應拿捏的分寸。同時，校長也鼓勵冬媽說出心中的期待與憂慮。冬媽慢慢地表明，希望能減輕冬冬的處罰，如果非記過不可，希望不要用「偷竊」這個字眼。冬媽更擔心，她來找學校、求救議員後，冬冬會不會被導師「標籤化」，也就是被老師另眼看待呢？校長安慰了冬媽，也親送她離開。

校長馬上找到林老師，得知林老師氣憤的是冬冬捉弄同學後，還滿臉不在乎、一副吊兒郎當的樣子。何況他已不只一次，而是累犯啊！校長進一步問明，林老師與冬冬的師生關係，還有平日與冬媽如何互動。看來，林老師是一個謹守本分、且對學生盡心盡力的老師。但較不擅長師生互動、親師溝通等人際關係的營造。記過前，沒有找冬冬個別談話，也沒有先通知家長，才會衍生這些問題。校長轉達了冬媽的期望與憂慮，建議林老師，由校長或學

務主任陪同，與冬媽再溝通一次。如果，不想與家長面對面，或者對自己的口語溝通沒有把握（因為冬媽算是個能言善道的家長），也要寫一封信給家長，表達這兩年來，導師對冬冬是如何的期待、如何的包容，甚且還製造機會讓他擔任幹部等。

林老師回到家，想著校長的話，心情起伏不已。這年頭真不知要怎麼管教學生？不能打、不能罵，連記個過都這麼麻煩，她實在不想再去面對冬冬的媽媽。至於寫信，要寫什麼呢？林老師的妹妹看到姐姐發呆，說：「姐，妳依校規處理，又沒有錯！為什麼要寫信給她？那種會找人施壓的家長，何必理她。」林老師心想：「也對啊！我又沒錯！為什麼要打電話，還要寫信給她？」

隔天早自習，冬冬捧著一盒全新的棋子，走到林老師面前說：「老師，這是新的棋子，還你！」

「還我？為什麼還我？你又沒欠我棋子！你別以為買一盒新的，就可以不記過！」

冬冬尷尬地拿著棋子走回座位，心想：「媽媽實在有夠無聊！為什麼買一盒棋子叫我拿給導師呢？結果是……？唉喲！好丟臉

哦！」

　　傍晚，冬媽看到冬冬拿回那一盒棋子，再看到家庭聯絡簿上，導師以工整的字跡寫著：「我們教育孩子，無非是教他知錯能改，更要讓他學會為自己的行為負責……」冬媽覺得自己的情緒快要爆發了！於是，拉著冬冬的手，快步地走向隔幾條街的「○○議員服務處」。

　　第二天上午，冬媽上班時，被通知上午十時三十分到冬冬就讀的國中，議員要親自處理這件事。冬媽匆匆趕到學校，被眼前的景象嚇了一跳。會議室擠滿了媒體記者，「○TV」、「○○電視」的麥克風圍著校長。「請問校長，拿走同學的棋子就要記過嗎？」「你會不會覺得記過太嚴重了？」「你們學校是根據哪一條校規記過呢？」「導師是不是有問題？」「她算是不適任教師嗎？」記者的手中都拿著相同的新聞稿，議員助理的手上更是一疊！助理看到冬媽，喊著：「各位，借過，學生家長來了！」議員拉開椅子，示意要她坐在身旁。不知如何是好的冬媽，喃喃自語：「怎麼會這樣呢？」

　　坐在身旁的家長會長湊在她的耳邊說著：「冬冬的媽媽，妳被利用了。這個議員要連

任，最近實施電話民調，他當然要炒作一些新聞啊！」

　　冬媽想到今晚的新聞、明天的報紙，對著會長說：「那我兒子怎麼辦？才一個棋子！」

▶ **高強華教授
的回響**

　　如何創造一個教、訓、輔三合一的學校？如何創造一個親、師、生三贏的優質學習環境？絕非是頒訂一個輔導方案，制定某些親師協同合作要點，便能奏效。在一個眾聲喧嘩的年代，自力救濟或自求多福，其實都是膨脹自己、抹煞他人，造成的衝突矛盾和冷漠疏離，實在多到不能勝數。

　　學生申訴、家長抗議言之有理，導師的決定當然也有理由，但要議員出面伸張正義，督學來主持公道，甚至於家長會會長、教師會主席都站出來的時候，各自都有充分的理由，祖孫騎驢人人議論，那樣的時空情境，能說些什麼？

　　證嚴上人說：「教育就是要啓蒙人的懵懂，讓人知道人生的道理，鞏固人性的道德觀念。真正的道理，要有勇氣傳承下去。期待老師們，都能做一個道德的勇士。」在一個道德被當權者視為封建的年代，真是令人唏噓長嘆，卻又慨然意欲有所作為……

問題與思考

▶ **王淑俐教授
的回響**

　　如果，導師與冬媽「較熟」（曾有多次利用親師活動、電話或當面接觸的機會）……

　　如果，導師在此事件之前，曾與冬媽談過冬冬「很皮」的事情……

　　如果，導師在棋子事件發生的當天，能與冬媽通電話或相約當面討論這件「較嚴重的」事……

　　如果，冬媽來學校「瞭解事實」之時，導師能體諒冬媽單親教養的辛苦，而……

　　如果，校長與冬媽談過之後，導師願意再次與冬媽談談或寫信溝通……

　　如果，導師在退還那盒新棋子時，能以電話或與冬媽相約談談……

　　如果，老師願意多與家長接觸、商談、傾聽，一切會否不同？當然，反過來說，如果家長也願意這樣做，主動與老師接觸、商談，那麼……

溝通的故事 ❷ 小小一年級生不敢上學,是為了誰?

報載(《聯合報》,民國九十四年二月十八日,第七版):老師兇悍,孩子「ㄘㄨㄚˋ賽」,家長發飆。北縣○○國小小一生,不敢上學,老師否認曾罵「王八蛋、白癡」。

才剛開學,台北縣新店市○○國小郭姓一年級學生卻不敢上學。家長昨天到學校指責張姓女導師太兇,不但罵兒子「王八蛋」,還把作業簿丟在地上踩,兒子被嚇得大便拉在褲子上。

張姓老師否認曾罵學生「王八蛋」,校方表示,今天會召開考評會,決定如何處理。

郭姓家長說,學校開學多天,兒子卻不敢上學,因為導師罵他「王八蛋、笨蛋、白癡」。求助心理醫師檢查後,發現兒子疑似壓力太大,而得了自閉症。

家長說,事後老師還用注音寫一封道歉信給學生,上面寫著:「老師踢你的本子是不對的,老師跟你說對不起,但是老師罵你還兇你,那是因為你一直做錯事。」

郭姓學童家長昨天到學校與女老師對質,張姓女老師強調她沒有講「白癡、王八蛋」,

是學生自己作業簿本子沒有放好，掉到地上，她走過去不小心踢到。

　　張姓女老師說，日前曾因這名學生在班上的行為不佳，要求學生罰站。她檢討自己不應該如此，才會在上學期（去年十二月）時，寫信向學生道歉，想改善師生關係。家長無法接受老師的說法，並指責老師「說一套做一套」，要求校長吳○○出面還給學生一個公道，並要求轉班，甚至考慮讓兒子轉學。

　　新店○○國小校長吳○○說，學校直到前兩天才知道此事，也在前天下午與家長協調，希望讓郭姓學生留在原班級，老師已承諾改善。同時輔導處將協助消除學生的心理障礙，也願意請志工陪讀輔導學習。至於張姓老師未能妥善處理自己的情緒，而對學生處罰的行為，並不恰當，學校今天會召開考評會處理。

　　學校教務主任曾○○表示，張姓女老師在學校任教十多年，擔任低年級老師也已九年。台北縣教育局已請督學到學校了解，要求學校妥善處理，不要造成學生學習困擾。

問題與思考

▶ **高強華教授
的回響**

　　教師工作不滿意的成因複雜，實在值得深入探討分析。

　　教師的情緒穩定、心理健康、自我實現、專業熱誠、敬業精神、創意彈性和工作滿意，甚至在教師的專業地位、專業表現、專業自主等，都是近十餘年來教育改革的浪潮，一而再、再而三的沖激迴旋中，不斷被提出來檢省與考驗。如果教師的確不適任，當然要依照法定程序，妥為處理。如果另有精神上的問題，亦應妥為協助與照顧。如果學校以鄉愿的心態護短徇私，只會引發更多的眾怒與公憤。

▶ **李玲惠教授
的回響**

　　這則新聞報導，我們看到了親師、學校雙輸的局面。尤其令人不忍的是這位小一的學生，在他踏進國民教育階段的第一步，就留下這樣的創傷。小小心靈面對大人因他而起的衝突，看到媒體所呈現的畫面、字眼，真是情何以堪！

　　雖然，從有限的新聞報導中，我們無法得知

全貌。但是，可以看出這位學童的級任老師，在EQ上有相當大的成長空間。尤其面對小學一年級的娃娃們，對新環境充滿新鮮感，在強烈的好奇心驅使下而喜歡上學。可能每天一大早就穿好衣服，催著爸媽帶他上學。但也有可能哭鬧著不願上學，必須家長連哄帶騙、又拖又抱，才能帶到學校。然後，家長還必須站在教室外，才能止住小孩的哭聲。一邊焦急自己上班會遲到，一邊又擔心一轉身孩子的哭聲會讓全班無法上課！這樣的心境，實非一般老師所能體會！

　　一年級新生的級任老師，不但要對學生有更多的愛心、耐心，更要知道這些娃娃的心理狀態與個別差異。有的吃軟、有的吃硬，還有學生很「ㄅㄨ丶」，軟硬都不吃。這時，老師們就必須用小娃娃們聽得懂的語言，一臉的慈眉善目，甚至偶爾還要犧牲形象，扮演學生的大玩偶。如此，娃娃們才能縮短適應期，快樂地上學。

　　上小學對娃娃們來說，不只是新的環境，更

是新的生活型態！他們的年齡還小，在有限的認知下，老師與家長的角色就很重要了！如果，學生印象中的老師是「凶神惡煞」；又看到父母因他的上學而發飆，說什麼他都不會覺得上學是件快樂的事。這樣的負面影響，不只是第一年，更可能影響一生！所以小一新生的親師溝通，比任何階段都來得重要。

　　親師溝通的管道很多，電話溝通是最簡便的。小一的級任老師可以與家長約定時間及親師「愛的專線」，讓家長知道學生在校狀況，老師也較能清楚孩子的個性；彼此了解後，才可以進一步的親師合作。我認識北市一位特教老師，不僅ＩＥＰ（個別輔導計畫）寫得清清楚楚，而且，幾乎每晚都以「愛的熱線」與家長溝通。每晚十一點之前，她家的電話總是熱線，老公只好再申請一支電話！如此的用心，不僅獲得家長的肯定，最重要的是，這群先天障礙的學生，在她的教導下，都有很好的進步！後來，她榮獲「師鐸

獎」，大家都認為實至名歸！

　　現在的媒體文化、爆料風氣盛行，發生師生衝突、親師溝通不良時，有些家長選擇透過媒體來表達訴求，不可否認，媒體有它不容忽視的影響力，傳播速度快又無孔不入，在媒體的壓力下，行政單位處理事件的速度會加快！平凡的小人物比較容易因此而得到較大的關注。但是，學校教育的主角是學生，透過媒體表達訴求，大人們可曾想到，對這些還沒長大的孩子會造成多大影響？新聞炒了幾天後，就會從報紙與電視畫面中消失。但是，孩子心靈的烙印，豈是短時間可以褪去的！媒體是水，可載舟也可覆舟，學校或家長不可不慎！

▶ **王淑俐教授**
的回響

　　的確，親師關係的建立，親師雙方都有責任。一味要求由老師主動，與所有家長建立關係，可能失之嚴苛；但若要家長完全配合老師，也失去人際關係的平衡。最理想的是，雙方都有

建立關係的熱情，及具備人際溝通的素養。若否，任何一方也無須悲觀，即使只是單向的表現熱情、誠意與溝通技巧，仍能「建立」或「重建」親師關係。期望大人們多為孩子著想，不要自私的只為爭自己的面子，結果使孩子受到二度傷害。

第六章　如果，家長不信任老師？

王淑俐

我以爲最壞的事，

無過於學校應用恐懼、壓制和造作權威等方法。

這些都會摧毀學生的良好情操、熱誠和自信心，

那只能造成屈服者。

　　—— 愛因斯坦（Albert Einstein），1854

　　　　（摘自賈謹茗評述，《西方教育名著述要》，

　　　　台北：五南，頁176）

老師在經營班級時（不僅是導師），不僅要重視師生關係，也要重視「公共關係」，包括「對內公關」及「對外公關」兩部分。「對內公關」除了師生關係，還包括同事之間，以及教學團隊與學校行政團隊的關係。「對外公關」直接指的是親師關係，間接則為「社會形象」。內外公關交互影響，形成良性或惡性循環。例如師生關係會影響親師關係，進而造成社會對教師及學校印象的好壞。

　　一般說來，教師均有極佳的社會形象，社會也以較高標準來衡鑑老師。因此，一旦老師「犯錯」，就常被「從嚴」處置。如此的社會態度，令老師「一則以喜，一則以憂」，喜的是社會大眾對老師「身教」（師範精神）的期待；憂的是若學校對於危機或人際衝突事件的處理不當，不僅會打擊教師士氣，也會使家長不信任老師，影響日後教育工作的運行。以下列幾椿教育界親師衝突的發燒事件來看，大家都應該捫心自省。

溝通的故事 ❶ 蟯蟲檢查示範，小學生脫褲

　　報載（民國九十三年九月十四日），學期剛開學（九月六日），高雄市某國小一年級某位家長，到校表達對級任老師的抗議。因為女兒回家說，上課時，老師要她到講台，在全班小朋友面前脫下褲子，由老師示範如何做蟯蟲檢查。這不僅讓女兒覺得丟臉，而且直到隔

天，還覺得下體有些疼痛。家長詢問過三位同學，其中兩人說確有此事。但導師完全否認，且當天在場的班親會會長、副會長及總務媽媽等三位家長，也出面作證，表示並未看到此種狀況。

這位導師曾獲全國教學創意特優獎，學校表示她的風評很好。老師說，家長要她承認不存在的事實，讓她覺得壓力很大，但她願意接受公平、嚴謹的調查。學校調查後認為，「應是」小朋友說謊；家長則覺得這種說法，對孩子造成二度傷害。

高雄市教師會於九月二十一日發表聲明：希望高雄市教育局成立調查小組（委員中須有兩位兒童心理專家），於一週內提出調查結果（教育局已開始進行調查）。

一位在國小任教的李宏仁老師，針對此事向報紙投書（《聯合報》，民國九十三年九月十五日，A15版）：

此一案例讓我們體認到，家長與教師（或學校）彼此有著相當程度的不信任感。此一狀況發展下去，教師與家長是無法認真且坦誠的教育學生，將使學生問題更加惡化。

時代在變，教育在改革，教師也在調適，但家長對老師尊敬的心是不能變的。家長遇到任何問題千萬要查清楚，不要糟蹋了老師的尊嚴。因為，你怎麼對待老師，你的孩子也會學你的方式對待老師。

　　高雄市教師會於十月十四日，針對高雄市教育局公布的「某國小蟯蟲檢查教學事件調查報告」，召開記者會、發表聲明文。對調查結果所說：「無足夠積極的物證或人證，可證明曾發生過學童上台不當示範蟯蟲檢查之情事。」表示相當不滿意。因為：上台脫褲示範是違反常理，小一學童也會覺得丟臉；縱或經過兩週時間，學生應還印象深刻，「有」、「沒有」，應不難辨明。

　　對高雄市教育局調查小組所建議：學校對「性侵害」防治的通報，速度太慢。可見調查小組認為家長指控的是性侵害事件，與原先教育局及學校認定為「親師溝通不良」，有嚴重落差。因為認定上的落差，所以調查小組覺得學校應成立「性別平等教育委員會」來處理。但因「性別平等教育法」當年六月才通過，市府及學校均尚未成立此委員會。

學校以親師溝通不良來處理，雖然極盡低調，設法取得家長信任，希望平和此事。但因欠缺經驗，將本案視為一般投訴案件，所以教務主任兩次詢問學生，自行做出「應是學生說謊」的結論，而未啟動適當機制，使家長覺得學校袒護老師。記者訪問時，校長還出示家長寫給級任老師的私人信函，如此做法有違職業倫理，也使家長更加誤解。

　　當各方指責學校與家長溝通不良時，高雄市教師會則認為是過於苛責。雖然學校面對家長指控時，未能做到以柔軟委婉的言詞安撫家長。但溝通是雙向互信的，學校已設法與家長溝通協調，教師也儘量保持低調；但家長預設立場，強烈要求老師道歉，否則就要訴諸媒體；甚至在記者採訪時，家長還將詢問孩子的自製光碟公布，如此做法已違反兒童福利法。家長強烈要求教育局成立調查小組，又質疑調查結果，如此強勢的態度，親師間如何繼續溝通？高雄市教師會不禁想問：「若是家長錯了，又該如何彌補學校及教師的傷害？」

　　高雄市教師會雖認同調查小組的建議：「對該學童及該班應有後續適當的輔導。」但

覺得教育局忽視了對老師情緒的安撫。調查期間將該師調至別班上課，未讓其休息以等待調查結果，實在疏忽教師的情緒感受，及可能產生的負面影響。

高雄市教師會並建議，即使調查結果已公布，教育局仍應召開檢討會議，對於類似案件，建立適當的處理機制，以為各校參考。若教育局不想召開，高雄市教師會也應召開，再彙集意見轉供教育局參考。

問題與思考 ------------------------------------

▶ 高強華教授
　的回響

　　證嚴上人在「良師之道」中指出：人心的污濁需要淨化，要從校園開始，重建人本精神，開啓光明、美善的人性，矯正社會人心的混濁。人人心中有愛，才能締造社會善與愛的循環。

　　近幾十年來，台灣社會真可用人心澆薄、人性險惡來形容，社會的習氣與風氣貪多務得，處處都是陷阱。尤其人與人之間的相互尊重、彼此信任，面臨嚴重的考驗。真理難明，真相難求。信者，坦誠無隱，才是和諧與良善社會的基礎。如果家長懷疑學校辦學的動機和目的，學校擔心家長參與的動機和意圖，那真是校園中的大不幸！

　　《管子‧牧民》說：「禮義廉恥，國之四維，四維不張，國乃滅亡。」要復興還是要滅亡，我們今日的選擇，決定了大家明日共同的命運！

第六章　如果，家長不信任老師？ 105

第六章　如果，家長不信任老師？ 105

問題與思考

▶ 王淑俐教授
  的回響

由上述事件的調查結果可知，真相仍是「羅生門」；但以法律用詞：「無法證明發生過家長所指控之性侵害事件」，在講究證據的時代，似已還給教師公道。高雄市教師會仍感不滿，覺得應「講清楚，說明白」，不要留下模糊的空間，令人對教師形象產生質疑。

親師間發生誤解時，彼此不易相互諒解與協商，確實是值得重視及深思的問題。除了責怪家長態度強勢之外，學校是否應「培訓」若干「公關人才」，以備衝突或危機事件發生時，居中斡旋、協商。而一般老師也須如「防空演習」般，進行「親師衝突演習」；預想各種可能發生的親師溝通問題，一一預備應對的策略。當然，最好的方法仍是增進親師間的親密及合作，畢竟「預防勝於治療」啊！

溝通的故事 ❷ 教師體罰，學生全都錄

報載（民國九十三年十月一日），台北市某國中導師，以木板打班上二十多名學生的臀部。班上一名學生悄悄以手機錄下體罰過程，向家長告狀。家長與校方共同聽錄音帶，裏頭並無家長所說「老師罵粗話」，但老師的確曾說：「今天打那麼多人，運動也該夠了」等言語。學校將儘快召開教評會，決定懲處方式。台北市教育局也立即派出督學調查，初步認定該導師確有體罰行為，也曾說出情緒性的嚴厲語句。

檢舉的家長說，導師一年多來管教不當，多次打學生耳光；且以不雅字句辱罵學生，家長敢怒不敢言。這位家長曾多次向校方反應，包括這次事件，但校方均無積極反應。校方認為，可能是這位家長先前與導師之間有些誤會，以致形成心結，才會導致這次衝突。校方說，被舉發的老師是留美資深績優教師，教學深獲好評。該導師也表示願以生命做賭注，當天絕無說出不雅字眼。之後學校教評會議決記老師「申誡一次」，但教育局認為處罰太輕（至少應「記過」），而將此案退回再議。

　　一位曾有類似經驗，且與學校「溝通無效」的家長，向報紙投書（《聯合報》，民國九十三年十月三日，B8版）：

　　我知道和學校「溝通」的個中滋味，如果還倒楣的碰到胳膊往裏彎的「教評會」，那更能從中學到教訓：校長手中的那一票，絕不會拿磚頭砸自己的腳。孩子因為有個雞婆老媽，在學校暗中吃過不少苦頭。只好拜託我，請不要管「別人」的事，給他們惹麻煩。

　　之後，這位家長選擇了「退出校園」，完全不當班級代表或愛心家長了。因為：

　　多年來，看過太多不合理的體罰，該說的該做的都試過，已經非常疲倦了。我承認自己的正義感在逐漸消退，為了保護孩子，要等他們完全脫離學校教育體系後，我才敢「嗆聲」。

問題與思考

▶ **高強華教授**
的回響

　　學校成立家長會的宗旨，在於整合家長力量、凝聚家長共識，使得家庭教育與學校教育得以緊密結合，保障學生的學習權，並吸納社會資源，以豐富學校教育。學校家長會成立的目的如下：

　　1.參與和監督學校教育。

　　2.擔任學校教育和家庭教育的橋樑。

　　3.結合社會資源，協助弱勢家庭。（教改審議委員會，1996）

　　如果家長對前述三項目的，只知其一而不知其二；或認為孩子一旦送進學校，就好像被教師和學校集體綁架，個別孩子是絕對的弱勢，毫無自由、自主和申訴的機會。如此的心理障礙，加上孩子被不當體罰，或是自己過分畏怯而形成對教師權威的刻板印象，則家長和教師之間的互信基礎將更為薄弱；忿恨不滿、嫌厭爭執的情形，難免發生。

　　或許有人認為，在一個爭權奪利的時代，仁愛禮敬是不合時宜的論調。試想，為人師表者，不應該是一位謙和親切的君子嗎？再想一想，為了讓自己的孩子在校接受不同專長的教師啟迪，日後成為國家社會的棟樑之才，如果吵嚷分歧的爭議訴訟，成為生活的軸心，是明智之舉嗎？

▶ **王淑俐教授**
的回響

　　這位投書報端的家長，對學校教育系統的「悲觀想法」，也許只是個案。但再看到知名作家侯文詠於民國九十二年七月出版的長篇小說《危險心靈》一書，我們就不得不同意：學校教育系統確實需要更多「同理心」，才能化解親師衝突、師生衝突。書中描述一個國三男生，被導師罰在教室外的窗邊上課（包含午餐及午休），「刑期」一再延長，由原本的一天，變成三天、五天、七天，家長由同學媽媽目睹後轉告，才得知此事。整個過程，雖經不斷的「親師之間」、「家長與校長」、「學生與校長」、「師生之間」

問題與思考

的溝通，但均無效。最後家長選擇「走上街頭」，與一批聲援者，到教育部前靜坐抗議。結局卻是「全都輸」，不僅師生間發生肢體衝突，迫使導師不得不離職，學生也被迫轉班進而轉校，還得接受心理治療。同校的其他家長及同學，卻不支持及接納該生，校方也覺得校譽嚴重受損。

中國人「無事不登三寶殿」的觀念，致使親師間平日的接觸不足。到了「必須」溝通時，不僅彼此較易產生防備或自我防衛心理，也因平時未建立良好關係，所以不覺得有必要為對方提供協助，溝通的效果自然不佳。我擔任師資培育工作十年來，常遇到某些實習老師，在人際關係上抱持著「保持距離，以策安全」的態度。實習一年來，一直與人保持相當的「安全距離」。「平時不燒香，臨時抱佛腳」之下，一旦發生人際衝突，因平時大家對他的印象不深刻（甚至有「待人冷漠」的負面印象），所以也「不願意」或不

知如何為他解決問題。

　　許多人以為在人際關係上「下功夫」，是指巴結、討好別人，所以不屑做這些「虛偽」之事。其實「下功夫」只是：願意與人親近、樂意與人共事、不計較多做一些、常與人分享自己的感受、多多向人請教等，也就是一般稱為「親和力」的人格特質。萬不可平常不建立任何人際關係，臨時卻要人幫你解決問題；這樣不但不可能達成目的，而且當別人拒絕你時，你還會誤以為是別人虧待了你。更難冷靜反省，是否自己在人際關係的觀念及做法上，出了什麼問題。

　　教師若愈注重校園人際關係，就愈會發現確實有些溝通問題存在；最有效的解決策略，就是教師積極改變自己的觀念，增進溝通的功力；面對問題，解決問題。

溝通的故事 ③ 學生不紮衣，老師剪下襬

報載（民國九十四年一月十五日），高雄縣某國中老師（亦為該國中現任教師會會長）要求學生將上衣紮進褲腰內，因多次告誡不聽，於是將一女二男共三名學生之上衣下襬剪掉（一月七日）。事後老師自覺管教方法可能過於激烈，當天晚上曾分別打電話給三名學生的家長，表示如果家長不能接受，她願意修復或賠償。兩名男生的家長均無意見，該名女生之養父則不能接受。他說，孩子回家後大哭，之後好幾天都不敢上學。他氣憤的說，他不反對老師管教孩子，但不應該用這種傷害孩子自尊的方式。雙方曾數次溝通，但都不歡而散。

該女生之養父由家長會會長及里長的陪同（一月十四日），到校找老師理論。老師表示，家長用髒話辱罵她，還用衣服丟她。家長說，因為老師不肯承認管教方式不當，他才說：「這樣當什麼老師！」並將衣服丟過去，但老師也反用衣服丟他。家長要求老師賠償衣服、登報道歉、自行請調，以及教育局亦應行政議處，並揚言提出毀損告訴。老師表示願意賠償及道歉，但也要家長為其辱罵及粗暴行為道

歉，以免日後其他老師不敢也不願再管教學生。

高雄縣教育局局長陳瑞忠表示，老師剪學生衣服確實不適當。因為制服是學生的私人財物，學生不聽管教，老師應先與家長溝通，再提報訓導處處置。但這次事件，無論家長或老師，出發點都是為學生好，若事件擴大，受傷害的仍是學生。所以建議親師雙方能心平氣和，共同協商解決之道。

家長到校的當天，學校多名教師也到場聲援老師。前任教師會會長發表聲明，若處理不當可能引發嚴重後果，所以大家應下功夫勸慰家長，而非一味指責、打壓老師給家長看。

一位國小校長針對此事，向報紙投書（陳招池，《聯合報》，民國九十四年一月十六日，A10版）：

《優秀是教出來的》一書，是說一名美國男教師要求學生確實做到他所訂的班規。若有學生不聽管教，老師一定要堅持原則，直到改過向善為止。我看到這裏，特別提醒全校老師：「目前的教育環境，根本不容許老師有絕對管教孩子的空間。外國的那一套方法，只能

當作參考。」免得老師依樣畫葫蘆，校園豈不劍拔弩張？

老師一怒之下，把學生的衣服下襬剪掉，固然有失教師風範。但我更相信，這位老師是因堅持管教原則才惹來麻煩。

事後老師自知理虧而主動告知家長，並願意負責賠償，整個事件應該圓滿落幕了，可好事的民代和家長還不放過，跑到學校來鬧，醜化老師，等於打老師給學生看，這樣的心態又如何給孩子做好品德教育？

問題與思考

▶高強華教授的回響

《孟子‧離婁篇》云：「人之患，在好為人師。」許多老師所以遭到誤解，都是因為缺乏自我反省的功夫。凡夫俗子街頭吵架，路人根本不屑一顧。但是，家長和教師爭執，卻會攪翻校園中的一泓清泉。

如果教師都能夠誠懇漸進，適應個別差異；對所有學生皆可一視同仁、無偏無私，親師應對進退之間的分寸，拿捏精準、穩健練達。那麼，種種誤解和衝突，自然消弭於無形。

儘管家長不信任老師，但老師仍應本著愛敬禮義之心善待學生、寬待家長。如果教師強詞奪理，以教師會之強，對抗家長會之強，反告家長惡意誣指。冤冤相報的結果，便會破壞校園的寧靜與和諧。是真明智耶？是真果敢耶？教師要想讓家長、學生信服，唯有出之以至誠，從點滴經營中，建立自我的權威與地位，方是為人良師的根本之道。

問題與思考

▶ **李玲惠校長**
　的回響

　　信任（trust）是一個相當複雜的社會與心理現象，在人際信任上，麥卡利斯特（W. McAllister）認為：

　　信任是個人願意去相信他人，並且對此人所做的說明、行為和決定，產生信賴的程度。

　　信任其實是一種非理性的選擇行為，包括在不確定的狀況下，仍願意相信對方的意圖或行為。了解「信任」這種心理現象後，就可以理解親師之間要建立信任關係，是多麼不容易了！

　　高雄市的蟯蟲檢查脫褲事件，凸顯出親師間的信任問題，是孩子說謊？還是老師說謊？不管答案如何，教師與家長之間的信任關係已遭破壞。孩子剛入小學，日後的師生互動、親師關係，其實都已大受影響。

　　從台北市體罰學生（木板打學生臀部）的案例不難發現，除了法律層面，體罰是不被允許的之外，認知上，對於教師管教方式，不管是罰寫、體能訓練，甚至是剪制服；教師與家長間要

有同樣的看法，恐怕還要花一些功夫！

　　家長對老師的管教方式有意見，為什麼會「敢怒不敢言」？是認為向學校反應也沒有用，學校行政只會「師師相護」或是應付了事嗎？其實，家長更擔心的是，反應之後，孩子會被貼上標籤、遭受歧視，或受到不合理的對待。

　　老師這方面也覺得委屈，雖然學生愈來愈難教，但老師仍未放棄管教，一心一意要學生好，為什麼家長不相信老師的動機、不信任老師的專業判斷呢？

　　人與人之間的信任關係，會受到許多因素的影響，除了個人特質外，成員之間的關係、情境的脈絡都是原因。老師與家長之間不是主雇關係，也不是監督者與被監督者，更談不上權利與義務。只因為我教的學生是您的子女，於是我們有了親師關係。如果學校不辦家長日、家長不參加親職活動，老師與家長幾乎沒有見面的機會。哪怕在郵局或市場擦身而過，也不會知道誰是

誰！只依賴家庭聯絡簿，或偶爾的電話溝通，就想建立起親師間的信任關係，其實是非常高難度的任務。

因此，誠懇地建議，教師平日要以書面、電話與家長勤加溝通，也要製造見面的機會，人說「見面三分情」。人際關係靠平日儲備，親師間的信任關係也是如此。在多元接觸中，表達自己的想法、了解對方的期待，才能建立管教的共識。

當然，預設立場是溝通的障礙，當親師之間有了誤解，甚至產生衝突時，一定要找到適當的人選，扮演「橋樑」的角色；幫忙雙方把想法表達出來，搞清楚彼此的立場，溝通才會有效。案例中的蟯蟲、體罰、剪衣襬事件，雙方的衝突既已檯面化，找媒體絕對不能解決爭端；此時，家長會、教師會宜積極擔任溝通的「橋樑」，幫助親師雙方表達與澄清想法；在不預設立場的情況下，展現不偏袒的溝通，才能讓孩子的傷害減到最低。

▶ 王淑俐教授
　的回響

　　由上述投書報端的校長心聲可見，教師對於管教學生，已如驚弓之鳥，生怕管多了會自找麻煩。對於家長跑到學校來鬧或醜化老師的做法，深深不以為然。但從家長的立場看來，「忍耐型」的家長認為，因為孩子還在老師手裏，還是再忍忍吧！但「挑戰型」的家長，則會嚴格監督老師的管教方式，不能接受過當的懲罰行為。在此過程中，媒體及督學也扮演相當重要的角色，這當中也包括了學校與媒體之間的「愛恨情仇」。不僅是演藝人員怕狗仔及記者，校長及老師也怕媒體的「報導角度」；一旦造成「既定印象」後，老師的罪嫌常難以洗清。

　　民國九十六年六月二十二日通過「各級學校制定教師輔導與管理學生辦法注意事項」，也附表列出違法的管教方式。就是因為親師間對管教適當與否的認知不一，所以明訂的法律規範。所以，老師在希望順利行使自己的管教權威之前，還是得先瞭解社會的期待，也就是一定要避免那些「違法的」管教方式。

第七章 學生、家長是我們的「客戶」嗎？

李玲惠

> 譬如為山，未成一簣；
>
> 止，吾止也。
>
> 譬如平地，雖覆一簣；
>
> 進，吾往也。
>
> —— 《論語・子罕篇》

管理大師彼得‧杜拉克（Peter Drucker）說：「百分之六十辦公室的問題，都是因為溝通不良。」

　　學校的老師群，不外分為兼行政與不兼行政兩種。為了執行校務，整個校園都是老師的辦公室。而服務的對象是誰呢？在民主意識與消費觀念高漲的時代，直接的客戶是學生，間接的客戶則是家長！

　　校園內服務的對象既多且充滿差異性，公務執行的範圍又那麼廣泛，學校行政團隊要如何透過有效的溝通，與老師們共同解決難題呢？尤其是要讓客戶滿意，更是現在學校體制最大的挑戰。校園內不應該將兼行政與非兼行政兩種教師壁壘分明，而是要站在同一陣線，創造高效率的產值。且看下面的案例：

溝通的故事 **1** 資優班導師難為

　　　陳主任打開E-mail信箱，看到一封署名「811班親會」的來信。是由811班親會會長所發，說明本週三晚上，幾位班親會代表將到校，與導師及學校行政共同溝通；希望陳主任出席，並請安排會談場地。E-mail的附件是：該班家長上週召開班親會（導師未出席）的結論（亦即對導師的一些建議）。由於班親會會長是他校的主任，與陳主任認識，所以他先將附件傳給陳主任看。

　　　陳主任開了附件，洋洋灑灑兩大張；除了

第一段前言外，還分為：一、班級經營方面；二、學生課業方面；三、與家長互動方面；四、導師需要家長配合事項；最後加上結語。陳主任心中暗笑，哪個家長文筆那麼好，論點又清晰。自己當年考主任甄試，也寫不出這樣的答案呢！信函如下：

感謝湘君老師一年來的辛勞，這一年來老師親自為每一位孩子做家訪，令家長們倍感溫馨。而精心設計的珍奶賽、榮譽排、愛的叮嚀，及透過聯絡簿與孩子的溝通，都發揮了很好的效果。基於「好還要更好」的理念，我們提出以下共同之建議，希望在親、師及校方共同的努力下，提供孩子更優質的學習環境，讓811的孩子更傑出。

一、班級經營管理方面：

1.中學生身心仍未成熟，需要導師從旁多方引導；故希望導師早自習時能盡量出席，培養孩子們安靜閱讀之習慣。導師並可利用早自習的部分時段，處理班務或進行個別談話。

2.絕大多數的孩子都很珍惜上課吸收知識的機會，故請導師盡量不要利用上課時

間，讓孩子去做其他的事或進行個別談話。

3.導師批改聯絡簿極為用心，常給孩子正向回饋；但希望除請假外，都能當日批閱，並及時回應家長或學生之問題，以求時效。

4.導師除請假有代理導師外……

5.有好的秩序才有好的學習環境、好的學習效果……

6.請提醒學生尊重他人……

7.請利用班會時間……

8.對於學生之表現……

二、學生課業方面：

1.英語教學，老師能搭配雜誌、影片上課，十分多樣化，但希望更有系統。老師親自批改習作及作業之後，能即時還給學生……

2.請導師留意各科小老師分配作業之分量……

3.感謝導師將珍奶賽、段考成績統計好，並寄給家長……

三、與家長互動方面：

1.學生在校之行為問題，希望老師⋯⋯
2.導師犧牲下班時間指導班上活動⋯⋯
3.班親會扮演協助班務之幕後角色⋯⋯
4.請導師參考每學期之學校行事曆⋯⋯

四、導師需要家長配合事項：請湘君老師能詳列，家長一定全力配合。親師合作，共創雙贏的學習環境。

相逢自是有緣，更何況是師生情緣。老師與家長的身教與言教，都深深影響著這群國家未來的Elite（精英分子），期盼透過親師間密切合作，共創親、師、生及校方四贏之局面。

811全體家長敬上

陳主任撥了電話給湘君老師，婉轉地告訴她，接到班親會的E-mail，家長希望開學前，大家能共商未來一年的班級經營計畫。湘君聽到家長列出對她的建言時，隨即有了情緒反應：

「當這個班的導師，你知道壓力有多大嗎？家長口口聲聲說會支援、協助，結果，卻是這樣的污衊我⋯⋯」

「湘君，我知道你的壓力很大，家長們是覺得把建議整理出來，較具體化而已。您沒看到那封信，怎會覺得是污衊呢？」

「我就覺得，不管我怎麼做，家長都不滿意……」

「湘君！沒關係，我們不會讓您單獨去面對家長的！」

由於811是資優班，學生是經過鑑定、篩選的，家長的教育水準很高，意見又多，導師向來不好找。每一年，主任、校長都為了找這一班的導師而傷透腦筋，只好另辦教師甄選。湘君就是在這種狀況下，從三十多位競爭者中，挑選進來的。七、八個校內外甄選委員，在筆試、試教、口試之後，斟酌再三，看上她在私立高中多年的任教經驗，又擔任過升學班導師，才錄取她的。誰知，剛開學，家長還很支持，一學期還沒結束，班親會就有不同的聲音出現，包括：家長打電話到學校，常找不到導師；聯絡簿沒有當天發回給學生等。尤其，家長最在意的是，導師會當眾給學生難堪，已經有好幾個學生醞釀要轉學了！

這些情況校長知道，也曾找湘君談過；到了下學期，事情好像比較平靜，是不是湘君的

班級經營、親師關係改善了，還是……？不管如何，這個班即將升上八年級，導師會隨班帶上去，不可能更換。看到班親會E-mail的內容，再想到剛才湘君電話中的情緒反應，這件事應該算是「大條的」！陳主任只好硬著頭皮，拿著列印出來的信去找校長！

校長看了信，說：「家長講的倒有幾分是真的哦！這個內容有條有理，用的都是教育語辭，具體又理性。顯然這個班親會內，有好幾個家長應該是從事教育工作的；至少，撰寫這個建議書的，一定是個老師！」

「校長，這不是『相煎何太急』嗎？」

「遇到這種事，行政不能一味地袒護老師，也不能完全聽家長的。當親師關係出現問題時，行政的角色是要積極扮演親師溝通的『橋樑』，想辦法弄清楚彼此的想法，在不同的想法中找到交集，才能進一步化解誤會、解決問題！」

校長接著說：「我之所以說，家長講的這些問題有幾分真，是因為我每天一大早，不是站在校門口，就是到校園教室外的走廊走動，很清楚導師早自習的出席狀況，或老師上課進教室的速度快慢。甚至知道，哪個老師會一邊

教書一邊罵人……這叫作走動式管理。要靠自己的雙腳、眼睛及耳朵，去找答案啊！」

「喔喔！」陳主任也想不出要回答什麼，畢竟要像校長這樣，每天那麼早到校，真的很難！

「湘君早自習的出席狀況很不好，我十次走過她的班級，頂多看到她在班上一兩次。試想，每天的早自習、導師時間，她都不在場，如何把握『一日之計在於晨』，進行班級經營呢？有時候，我特地到辦公室找她，她也不在。我這個校長都常找不到她了，何況家長。真不知她在忙什麼，或是在校外接了什麼工作。」

「校長，您不是曾找她談過嗎？」

「是啊！我找她談過，我還用英文對她說：我很失望！結果，改善不到兩個星期，就故態復萌了。是現代年輕人都這樣呢？還是我們當初看錯人了？」

「校長，現在怎麼辦呢？這一班的家長代表明天晚上就要來學校talking、talking了！」

「交給您一個任務，想辦法找到湘君，明天中午到我這兒來。訂她最喜歡吃的便當，我們一邊享用午餐，一邊商量對策。讓她覺得，

我們不只是情感上支持她，更會幫忙她想出方法來解決問題！」

隔天中午，校長室的圓桌上，果真擺著鐵板燒便當，再加上85℃的研磨咖啡。湘君老師由陳主任、特教組長陪同，與校長一起進行午餐的約會！

校長打開話匣，首先肯定湘君願意面對問題，是個很不錯的老師，也讚揚她在教學專業上的表現。校長一再表示，相信教師甄選委員的眼光；能從三十多位老師中脫穎而出的，一定很優秀。可能是湘君過去在高中帶班的方式，不適合才國一的資優班；也可能是，她與家長之間有一些誤會沒有及時解開，才造成今天的狀況！沒關係，如果家長講的是事實，我們就改進；如果不是，一定要澄清。湘君覺得不便開口的地方，校長會請陳主任代為解釋！

於是，當場針對家長所列舉的事項逐條討論。湘君承認她早自習常沒到，聯絡簿有時會隔天才還。她表示，自己正積極的在學校附近租房子，希望節省一些通勤的時間。至於，家長找不到她，是因為學校要她去參加資優研習，或者她去上課，同事沒有轉達家長的來電。校長馬上指示，請輔導主任透過在地人脈

幫忙找房子，以後有任何資優研習或開會，避免找湘君去，由特教組長多代勞。

「可是，校長，辦公室的同事看我每個學生都去家庭訪問，直說太累了；還說，資優班的家長很難應付的！」

「你真的很單純，你認為同事勸你不要這麼累，是真的關心你的身體，還是酸葡萄心理？全校這麼多班，也不過只有三個資優班，不是每個人都有條件教這些資優孩子啊！」

「其實，家長也很肯定你做家庭訪問。但是，每天早自習、導師時間，是最容易培養師生感情的時機。孩子們一大早看不到老師，回家後你一句我一句的，自然抹殺了你挨家挨戶『家訪』的功績了！」

「喔喔！」

「學校行政也有疏忽的地方，沒有及時發現你在班級經營上的困境，給予你適當的支援。以後，班級經營上碰到問題，或是遇到難纏的家長，可以請教秀秀組長。她以前擔任資優班導師時，帶班帶得很好，家長也很服她，你可以常找她聊聊，或者請教現在九年級資優班的導師。反正，就是多去問問有資優班教學經驗的老師；不嫌棄的話，也可以找我討論

啊！」

「對了！陳主任！」校長似乎想到什麼。「麻煩您將資優班教室旁邊那間教學資源中心整理一下，布置得可愛一點。讓資優班學生下課可以來找導師，家長來訪時也有地方坐。記得！再裝一台電話答錄機。」

「對！就是需要電話答錄機，這樣才不會讓其他同事抱怨，常要幫我接電話。」

湘君的雙眸總算有了亮光。

「晚上，我就不陪你們出席家長會談了。我相信也用不著我啦！陳主任、蔡組長會陪您與家長溝通。蔡組長雖然新接特教組，但他太太教過幾年資優班，他可是資優生的『師丈』喔！他很有一套的，有事就找他。」

「校長！您別陷害我了。」蔡組長聳肩笑著。

湘君離開後，陳主任湊過來，「校長，我覺得湘君很不錯！她可以承認自己的不足，也願意承諾改善。很不容易！」

「是啊！她不像其他年輕人，碰到難題先躲起來，要不就拒接電話。看來，這件事對她的班級經營來說，何嘗不是契機。我覺得大有可為。」

　　「可是，校長！聽說她早上去找教師會會長哭訴呢！可能銘鈺老師會來找您談哦！」

　　「沒關係，教師會的銘鈺老師是個明理的人，我會去找她說明。很多事件都發生於不夠瞭解，該花時間解釋的，還是要解釋。對了！陳主任！您很善解人意哦！行政溝通上，善解是第一步啊！放心啦！晚上會很順利的。」

　　隔天，校長一到辦公室，就迫不及待的找陳主任，陳主任神秘地笑著，「當然OK啦！大家都能充分交換意見，尤其是湘君老師，表現得很誠懇也很理性，家長代表也很好。校長！我覺得我們會前的午餐約會，很管用喔！」

　　「很好！您當主任不到半個月，第一次出招就很漂亮。你看，行政不過是一連串的溝通協調罷了！記得哦！以後碰到這種問題，行政該給老師的支援，不只是精神上的，更要具體提出解決的辦法。能夠以智慧解決問題，創造親、師、生三者皆贏的局面，不也是行政工作的成就嗎？」

　　「是！我學到了！謝謝校長！」

▶ **高強華教授**
　的回響

　　行政是計畫、組織、溝通、協調與評鑑等，一連串循環再循環的歷程。學校行政的功能，在於提供學生優質的教育，支援及協助教師進行高品質的教學，以及執行政府的各項教育政策。但在制定教師法，以建立教師專業地位的同時，卻未認真考慮「學校行政人員專業化」的問題，以至於教師兼任學校行政工作後，的確衍生種種的問題。教師難為，教師必須勉強而為之，但組長、主任更難為。當教師力辭組長、主任等行政工作時，校長如何建構高效能的學校行政團隊？這是目前所有校長想展現領導力、決策力和執行力的首要難題。但是，只要本諸教育專業知識與良能的專業判斷，其實所有的難題，相信都可迎刃而解。

▶ **王淑俐教授**
　的回響

　　許多的誤會，都起於雙方認知及心情的「落差」。一時的「堅持己見」或「自我維護」，是人之常情；但不要變成「固執」及「自我封閉」，以致無法溝通。幸好，故事中的校長深諳溝通之

重要及奧妙，所以先行與資優班的導師溝通，也鼓勵導師與家長面對面的「直接溝通」。再加上行政人員居中扮演「橋樑」的角色，讓親師雙方都有「緩衝」的餘地，最後得以圓滿收場。否則，若「逃避溝通」或「溝通不良」，親師雙方的誤解會愈來愈深，才真正可能造成導師所認為的「污衊」後果。到時再來溝通，通常「大勢已去」、「覆水難收」了。

　　所以，不僅是學校行政人員對於「溝通」要「不厭」、「不倦」，一般老師也要培養良好的溝通素養及技巧，使師生及親師之間，能真正的相互配合、合作愉快。

第三篇

師師篇

長久以來，教師的確在學科專精的本位領域中，單打獨鬥慣了，認為只要謹守學科本位知能，全心全意教書便是。然而新時代、新學校、新教師，要有能力參與校務，能設計教學課程，勇於質疑自己；扮演學習者、研究者及反省者的角色，成為有轉換能力的知識分子。新學校中的教學，是在對話、辯論、協商與反省中實施。為此，學校的行政人員、教師、家長要相互合作；在這種合作的環境中，建立關懷、信賴、有共同目標的人際關係。因此教師的同儕關係，與以往大不相同。教師面對課程變遷與教學創新的挑戰，宜發展或具備下列特質，如：強烈的專業期望、積極的風險承擔、樂於變遷與改革、面對批評與檢討等。

　　遺憾的是，當前學校教師對於各類教育學術專業組織（professional organization），參與意願不高；對於教師會，則是基於法令依約而行。教師保守因循者多，創新變遷者少。面對批評和責難，動輒氣憤難平，未能虛心承擔，自我防衛意識強烈；尤其對於教學評鑑，最為反感、抗拒。在舊傳統和新思維之間，教師動輒反彈的心理非常強烈。校園之中新舊教師如何互助合作、相互尊重、截長補短，是所有學校行政領導人員必須面對的重大課題。

第八章　同行相猜相忌，為什麼？

高強華

君子易事而難說（悅）也。

說（悅）之不以道，不說（悅）也；

及其使人也，器之。

小人難事而易說（悅）也。

說（悅）之雖不以道，說（悅）也；

及其使人也，求備焉。

—— 《論語・子路篇》

教師工作長久以來被視為一門孤立的專業（isolated profession），大多數教師在圍牆內默默耕耘，卻也可能因此不瞭解社會真貌，在封閉的環境中孤芳自賞。雖以聖賢之學自我期許，卻不清楚社會對教師的期望。尤其教師有著文人相輕、同行相忌的弊病，「老王賣瓜，自賣自誇」。英文老師說英文重要，史地老師說史地重要。但體育老師雖知健康的重要，卻不敢高聲說體育課重要；音樂、美術老師也同樣處於邊緣地位。久之，其專業參與（commitment）和自主性（autonomy）都面臨考驗。

溝通的故事 ❶ 體育課重要嗎？

某日下雨，康樂股長到體育辦公室問：「體育課要上什麼？在哪裏上？」

師：「下雨天，通知同學留在教室，上規則講解課程。」

上課後，老師到班上點名，發現數名同學尚未進入教室，老師不悅。鐘響約五分鐘後，兩名學生悄悄的進入教室。

師：「上課鐘響那麼久，去哪？為何不趕快進教室？」

生：「上廁所，因為等同學，所以……」

師：「懶人多屎尿，理由那麼多，到走廊交互蹲跳六十下，再進來上課。」

生：「下課人很多，輪到我們已經打上課

鐘了。」

師：「不必和我説那麼多！」

學生只好莫可奈何的接受處罰。

約莫兩分鐘後，又有兩名學生匆匆忙忙的走進教室，同樣也遭到老師的詢問。

師：「你們兩個又去哪？課不用上了？班導師的課都敢這樣，別的任課老師上課怎麼辦？」

學生連忙解釋：「老師，我們不知道上室內課，所以在操場那邊，等不到同學才進教室來找。」

師不悦：「你們白癡啊！下雨天，操場能上課嗎？我看你們兩個是去抽煙吧！」

學生趕忙解釋説：「不是！不是！」

師：「不管！到走廊去做伏地挺身，動作預備。」

學生非常不情願的去走廊受罰，接著又有一名學生跑步回到教室。

師：「你是幹什麼？乾脆不用來上課好了！」

學生趕忙解釋：「訓導處找我，我不是故意的。」

師：「不管誰找你，你也要向我報告啊！

怎麼可以影響上課呢？你們公民課是怎麼上的，都不懂得尊重別人？你也去走廊，不要講那麼多。」

學生當場淚如雨下，駐足不動，不願接受處分。恰巧教務主任巡堂經過，看見「又是」體育老師在處罰學生，衝口而出：「怎麼回事？國文英文數學理化老師，都沒有那麼多處罰；體育的室內課比英數理還難教呀？」

接連好幾天，體育老師和教務主任都處在冷戰當中。彼此你看我不順眼，我瞧你很頭痛；學生們噤若寒蟬，只能默默承受。

理解與寬恕──校園溝通事件解析

▶ **王淑俐教授**
　的回響

　　這個故事發生在早幾年,或至少不要發生在台北市,否則,以這位導師短時間內體罰那麼多學生的情形來看,學校依法也必須處理(台北市是記大過處分)。當然不是要立即處分老師,而是由校內行政主管先行勸導,以免一旦家長向教育局舉發,督學到校訪查時,記過處分的命運仍是在所難免。

　　也許這位教務主任,先前已接過家長的「關切」電話,或收到校長指示,要勸導這位導師避免對學生體罰或言語暴力。也許純粹是教務主任個人觀點,不贊同該導師的做法,甚至彼此有些私人恩怨。只是這樣公私混淆、理性與感性交錯的情況下,不僅無法勸導該導師,反而更加深同事間的嫌隙,造成日後行政配合的困難。

　　按理來說,教務主任巡堂,看見老師體罰學生,是需要加以處理的。然而衝口而出:「怎麼回事?國文英文數學理化老師,都沒有那麼多的處罰,體育的室內課比英數理還難教呀?」這一

番話在學生面前直接說出，又毫無緩衝的餘地，自然會引起導師的難堪及反擊。而學生在一旁「看好戲」，不僅影響受教心情（體育老師和教務主任處在冷戰狀態，學生噤若寒蟬），也是錯誤的身教。

▶ **李玲惠校長**
的回響

「懶人多屎尿，理由那麼多。」

「你們白癡啊！」

「我看你們兩個是去抽煙吧！」

「不管！到走廊去做伏地挺身，動作預備。」

很多老師常有一種能力，那就是罵人不用打草稿，愈罵愈順，愈罵愈有力，結果是，說的話可能有道理，學生卻聽不進去，甚至，造成學生心理傷害。學生只看到老師張開口，一支支傷害的箭應聲而出。

這位體育老師下雨天改上「運動比賽規則」，可見是一位執著於體育教學的老師。但是，他罵學生的樣子與語言，不但很容易讓學生

不喜歡他，也折損了他教學專業的表現。尤其，他犯了幾個青少年的心理大忌；如：學生很忌諱老師冤枉他，或不查清楚就責罵或處罰，也忌諱老師處罰不公。我們看到這位體育老師犯了很多「未審先判」、「未查先罪」的錯誤，如：「我看你們兩個是去抽煙吧！」「不管！到走廊去做伏地挺身，動作預備。」老師沒有親眼看到學生抽煙，也不進一步查清楚，甚至，不給學生解釋的機會，學生如何信服老師？如此的師生關係，教學效率一定大打折扣。

故事還衍生到教務主任與體育老師之間的冷戰。目前，老師於法是不允許體罰學生的；也可以說，老師對學生有獎懲權，卻沒有體罰權。但，先不談體罰，一般學生對任課老師教學有意見，都會反應給班導師或者處室主任知道。家長對老師有意見，也通常循這樣的管道。此時，對學校行政人員最大的挑戰，是如何將這些反應的意見，婉轉地讓當事人（老師）知道，使他知所

改進。

　　依筆者曾擔任多年主任的經驗，對類似案例處理過不少，可以提供一些原則供參考：

1. 行政人員（如案例中的教務主任）在心態上要保持「我不告訴他，誰告訴他？」的想法：人人都有盲點，老師也是如此。站在幫助同事的立場，善意的提醒是必要的，也是行政人員的職責所在。

2. 轉達的技巧很重要：人都要尊嚴，尤其老師特別講求面子；所以，轉告要有技巧，可採「三明治」溝通法，也就是先肯定他、讚美他。以案例中的體育老師為例，可以說：「您上體育課很認真，看到下雨天，馬上改教學生競賽規則，被您教到的學生，一定可以學到很多……」接著，再以轉折語氣，說出所要轉達的主題：「但是，現在的孩子不好教，我們又沒有體罰權。處罰他們是為他們好，學生卻不一定

領這個情。萬一學生受了傷，家長還會反過來告我們，更划不來！」

3. 不只是轉達，最好進一步提供建議：以案例中的教務主任為例，可以和緩的態度對體育老師說：「有時學生真的很皮，不過，處罰前先問清楚，說明處罰的理由，再讓學生選擇處罰的方式……」「有沒有抽煙？聞聞手指頭就知道了，學生還騙得了老師嗎？」

4. 注意情緒的反應：老師、行政人員都有情緒，尤其行政人員與教師同儕的溝通，要確定彼此的情緒，必須是在比較理性舒緩的狀態下；亦即把握住「先處理心情，再處理事情」的原則。尷尬的場面化開了，才能有效溝通啊！

　　報載（民國九十二年七月二十五日），九萬六千多名學生在網路上組成「中華民國學生反髮禁自治協會」，其中三百多名同學還前往教育部舉行「髮禁告別式」，提出「要青春不要髮禁」之訴求。邀請教育部長杜正勝，一同為髮禁送終；並要求教育部在一個月內，發布行政命令，徹底解除各校髮禁。杜部長除了接見抗議的學生代表外，並簽署加入「護髮團」，表達維護同學頭髮的自主權，贏得在場同學的高聲歡呼和掌聲。

　　髮禁問題由來已久，民國五十七年實施九年國民教育時，教育廳下令：「國中小學生制服無須硬性規定，各校不得代收制服代辦費。」其中並無髮禁規定。

　　民國六十年，教育廳為避免貧富比較以及服裝儀態不當而影響學習，於是宣布：「全省國民中小學制服自下學年度起統一，女生為白、黃上衣，藍短褲及黃長褲。」為統一學生的穿著與儀態，六十一年教育部下令：「男學

生頭髮以理光頭，女學生頭髮以齊耳為準。」這是髮禁的濫觴。民國六十二年教育部為遏止大專校園嬉皮風，亦曾下令大專院校嚴格取締長髮及奇裝異服。

民國六十七年，中小學生髮禁稍微放寬：「男生三公分為度，女生可齊後頸髮根。」此後男生小平頭，女生清湯掛麵的西瓜皮，成為標準的學生頭。解嚴後，教育部於民國七十六年宣布解除髮禁。不再統一規定中小學生髮型，授權由各校循民主方式，讓師生及家長共同討論出適合的頭髮規範。

這二十多年來，多數中小學仍有頭髮的規定。支持髮禁的理由是「為了衛生和成績」、「經由髮型、服飾，可及早發現學生品行變壞的跡象」；有些學校則是為了方便管理，堅持頭髮短、整齊才有學生的樣子。但開明的教師和家長則認為，頭髮長短或染不染髮，和學生的品德好壞，沒有必然的關聯。某知名高中以班聯會自訂的「不染、不燙、不作怪」為原則，頭髮問題交由「學生法庭」做最後的判決。對此，某些老師的看法如下：

張老師說：「人窮志短，馬瘦毛長，你看那些乳臭未乾的小伙子，一留起西裝頭，就以為他們轉大人啦！以後麻煩多咧！」

林老師說：「別以為染得像金毛獅王一樣，一定力壯山河。搞不好連自己的名字都寫錯！頭髮自主，部長贊成；那以後腦袋空空，誰來反對呀？」

秦教官說：「早就不管學生頭髮的長短啦！以後學生還可以用不同的刺青代表不同的班級呢！反正我們教官能不退出校園，就已經要感謝老天啦！誰還願意管那些吃力不討好的瑣碎事務？」

高老師說：「染得像荷蘭人一般，乾脆以後老師也為民表率，染燙成最當紅的偶像髮型，才能激勵學生群起效法呀！」

郭老師說：「女生清湯掛麵，才清純俏麗呀！長長短短、鬆鬆鬈鬈的任由學生自由選擇，以後班級文化一定會大不相同。等著看家長會的反應吧！」

陳老師說：「年輕人就是愛搞怪，耍酷耍炫，讓他們去吧！反正物極必反，矯枉過正，

等問題一籮筐之後，政策自然就會調整的啦！先讓學生自由自主一段時間再說。」

徐老師說：「大多數學生都贊成髮禁，可以再進一步調查呀！大多數學生贊成廢除聯合招生考試，大多數學生贊成廢除導師制，大多數學生贊成廢除校長……是不是都要跟著一起廢除呢？」

問題與思考

▶ **高強華教授**
的回響

　　從國家教育政策的角度而言，如果能從激勵的措施著手，將有助於教師對教學專業的參與和認同。當然，參與的方向或重點不同，造成的影響或效果亦異。老師參與有關學生事務的工作，可以創造溫馨友善的校園，減少學習或情緒的困擾。有些老師只會教乖巧順從的學生，只對家庭社經地位高的學生期望殷切；也許參與和投注於校務之後，觀點會有所調整。

　　有所參與、奉獻的教師，對於學生和任教的學科，必然具有較為強烈的使命感和熱忱。在教育鬆綁的呼聲衝擊著校園文化與教學生態之際，能夠自主自發參與學校事務，肯於犧牲時間、奉獻精力的教師，可說非常難能可貴，是瀕臨絕種的稀有族類。

▶ **王淑俐教授**
的回響

　　民主、多元觀念進入校園後，加上教學專業自主權等觀念的衝擊；校園內開放而多元的說法，很難取得一致的共識，有時會造成教育政策

問題與思考 - ●

難以推動的窘境。因此，教育行政機構只好辦理更多研習，如生活教育、品格教育、公民教育、民主法治和人權教育等，來設法「說服」老師。

當教育部宣布解除髮禁時，學生卻抗議學校依然有髮禁，家長、教師和教官們的說法也大相逕庭。究竟學生輔導有沒有標準答案？可不可以既開放多元，又自主尊重？在在考驗著教師的智慧。以後教師進修時，可能真得邀請美容美髮及美姿美儀的講師，為教師專題講演了。但辦了這麼多研習，真能說服老師嗎？

溝通的故事 ③ 即將消失的專業！

　　據《中時晚報》民國八十九年五月十九日轉載《時代雜誌》的預言，新科技一日千里，將有十大行業，在二十一世紀走入歷史，這些行業如下：

　　1.股票交易員、汽車售貨員、郵差、保險和房地產經紀商。

　　2.教師。

　　3.印刷工。

　　4.速記員。

　　5.企業的執行長。

　　6.牙科矯正醫師。

　　7.獄警。

　　8.卡車司機。

　　9.管家。

　　10.父親，倘若有朝一日人造子宮出現，母親也會面臨相同的命運。

　　《民生報》民國八十九年六月一日載，台北醫學院創校四十週年活動中，廣邀各界精英，試圖描繪出十年及六十年後的世界，並將之存放在「時空膠囊」裏，為歷史做見證。內

容簡要如下：

年代	十年後	六十年後
兩性關係	性文化多元	無性時代來臨
長壽秘方	人類基因密碼完全解開，壽命延長	人類平均餘命近百歲
飲食習慣	疾病專業配方出現	每天只須吃顆大補丸，即可維持生命所需
十大死因	愛滋病取代肺炎疾病進入十大死因	新病毒疾病取代腎炎及腎衰竭等疾病，進入十大死因
複製科技	基因治療盛行	複製器官用於醫療用途
醫病關係	網路盛行，醫師權威遭到挑戰	虛擬醫院或無人醫院出現，病人隱私權不再
醫療科技與醫療方式	電腦相關科技發達，侵襲性檢查減少	生化複製大行其道，生化人出現

　　因電腦、資訊、生化、科技等方面的進展，以往勞力取向的工作，都可能被取代，例如E-mail取代郵差。某些專業人員被除名，例如醫師被網路虛擬醫師取代。另外，因遠距教學蔚成風潮，授課、評分都可透過網路進行，教師辦公室將成為虛擬服務台。

為什麼教師也可能變成消失的行業呢？因電子書包、網路學習、遠距教學，非常方便。因此，老師若只會教過去的知識，或填鴨教學、揠苗助長，不注重人格與生活教育，EQ差，又不懂得因材施教，即可能面臨被淘汰的命運。

問題與思考

▶ **高強華教授**
的回響

　　教師對學校缺乏認同，對教學專業參與不足，久之便累積成職業倦怠症。一位自覺心力交瘁的老師，對學生的學習會造成負面的影響。目前，因教師的中壯年退休潮，「會溜」的教師和「會留」的教師，對年輕學子的身教影響是不容忽視的。

　　而教師的提前退休，與近來教育政策的大幅改變有關。教育政策的決策歷程，應該力求嚴謹周延；各種公聽會、研討會、說明會的實質影響不容輕忽。教育上若不能依據嚴謹的學理、客觀的數據、有效的研究推論，而貿然決策，所造成的風險或社會成本，是無可估量的。

▶ **王淑俐教授**
的回響

　　近來師道式微，教師聲望及影響力下降，已成為學校教育的隱憂。若要重振教師地位，非得教師自律並追求教學卓越不可。如果教師之間還存有「文人相輕」的心理，難以互相欣賞及合作，如果教師之間不能相互信任與敬重，如果教師不肯主動積極進修以求自我提升，如果教師不

能以知識分子的力量更關心社會，並發出振衰起敝的正義之聲……則師道之不存恐為其不遠。所以，教師這一行，要努力證明自己不能被淘汰，具有存在的「必要性」。

第九章　教師與教師之間，也有「高牆」嗎？

王淑俐

益者三友，損者三友。

友直，友諒，友多聞：益矣。

友便辟，友善柔，友便佞：損矣。

——《論語・季氏篇》

溝通的故事 ❶ 我莫名當選了教師會理事長

我是新進教師，經過千辛萬苦才考進這所小學。能在競爭激烈的教甄過程中脫穎而出，讓跨企業界轉行至教育界的我，感到無比幸運與歡欣，尋求安定日子的美夢終於成真。儘管七月的太陽炙熱無比，但想著即將展開的新旅程，仍感到輕飄飄的。

這是一所僅六年歷史、卻有超過一百班的「額滿學校」，教師年齡平均不到三十歲。年輕人的氣息與衝勁，在我到校八個月後的某天正式領教。窗外傳來一片恭喜聲，原來是我莫名當選了「教師會理事長」。天啊！這到底是什麼樣的頭銜，我真覺惶恐且一頭霧水。當我定神詢問，才知這將是一份需要非常的智慧與擔當的工作。

當選後，我開始探訪同事的建言與意見，結果真讓我捏一把冷汗。期待教師會有所作為的建議，如過江之鯽；不少同仁甚至如革命烈士般，等待號角聲起，就起而與學校行政對

抗。「等著瞧的人」也滿多。無論是冷眼旁觀抑或蠢蠢欲動、蓄勢待發，彷彿都在看我這個搞不清狀況的「菜鳥理事長」，如何揭開嶄新的序幕。

其實我是一個對組織認同度很高的人，很難與長官起「衝突」。無論心理學、行政學，抑或社會學觀點，對於「衝突」都指的是「對立或不相容」，以及「無法滿足」的情境。這時我已有心理準備，提醒自己除了儘量減少不必要的「衝突」外，也必須面對無法迴避的可能「衝突」。

教師會的任務，在維護教師專業尊嚴與專業自主權，辦理各項教師所需要的活動，研究並協助解決各項教育問題。組織成員屬自由意願加入，五位理事由熱心教師擔任，僅減課五節，由理事持分。因此，這個組織僅靠認同意識的結合，除了熱情外，實難有其他誘因。有個笑話，如果校長難纏，凡事要求教師，則該校教師會的執行愈順暢，教師愈團結；若校長屬於放牛吃草型，凡事尊重教師，教師會即行瓦解。

擔任理事長期間，我從旁觀察，發現本校校長以企業領導方式經營，所作所為皆屬上

乘，對於教師的福利、校務的推動、專業的尊重，都有固定的模式與誠意。但由於本校教師人數較多、平均年齡較輕，且較有衝勁，難免在認知上會出現差異。但經過教師會的溝通協調，大都能迎刃而解；所以會務執行至今，明顯的「對立或不相容」或「無法滿足」的衝突情境，尚屬少數。其中難免有個人和組織間兩極化的意見，阻礙了合作，甚至產生懷疑和不信任，對組織有相當的破壞力。

但我仍相信，正向的成長可使組織茁壯，例如落實教師會宗旨、碰觸潛藏問題、闡明問題所在、更多雙向溝通的管道等。

問題與思考

▶ 高強華教授
的回響

學校教師會的成立宗旨，在於有效爭取教師權益，協助提升教師專業，以及協助教改的良性發展等。傳統社會「師嚴而後道尊」，如果教師斤斤計較升學率，殫精竭慮於解答參考書和測驗卷中的迷惑，真可說大材小用，如何能贏得學生的敬服？另外有些教師對於教學工作不滿意，怨天尤人；給予學生的印象是吹毛求疵，責罵不離口，藤條不離身，日復一日重複著相同的教材，和學生的疏離冷淡，令人咋舌。如此的今之教者，誤人子弟有餘，專業熱誠與理想不足，如何堪當師表重任？

能夠為人師表，是具有明智德義與學問的人。至於現代的教師，作為有教養而統整健全的知識分子，應能體察時代的變遷。對攸關人類生存的重要課題，能夠敏感自責、深入探討。尤其對於人性潛能的開發、人權正義的維護、人格品德的完成，和人生理想的實現等，更是現代教師知行合一、身體力行的大事。奈何，從傳統神聖

性的知識分子，而今轉變成教師只是三百六十行之一，地位並不崇高，待遇差堪比較。教育職場環境未必單純清靜，令人感嘆！

尤其近十幾年來，教育改革浪潮相激相盪，教師退休潮波濤洶湧，教師的憂鬱指數居高不下。教師從不食人間煙火的社會陌生人（social stranger），轉變成備受矚目與爭議的社會異形（the alienated）。教師的專業成長、終生學習所造成的幽暗影響如何評估？所以，教師的專業研習及生涯規劃，都亟待重新檢討、評估與建構。

因此，學校教師會會長，絕不宜從茫昧無知中磨練其能力、考驗其決斷力。大多數學校對於教師會的角色功能，認識未盡清楚，多半抱著多一事不如少一事的心態。少數汲汲於權位者，又誤以教師會會長形同國會中的「議長」，須監督學校行政團隊的運作。尤其昧於校園民主之真諦，以為選票多寡即代表真理是非，因此會長與校長之間競長論短，會長與家長之間爭辯角力，

問題與思考

主任和家長之間相互攻防的事例，時有所聞。學校裡的衝突矛盾，誰肯深究其中的是非曲直？誰又真正關心這對校園倫理可能造成的負面影響？

　　教師會會長、家長會會長或校長主任等，都有任期；但是知識分子的良知，是沒有任期的。為人師表者，實應深省良知熱誠沒有任期的高尚人格者究竟應該如何的為所應為。

溝通的故事 ② 資深教師的淡退與傳承

　　一場校外教學說明會，一位姍姍來遲的資深教師，神態悠閒地出現在討論熱烈的會場中。霎時，他彷彿維護秩序的風紀股長，會場立即凝結出一股詭異與不安的氣氛，隨著他身上的髮油味，充斥在會場的各個角落。「現在討論到哪了？」他企圖壓低聲音，詢問離他最近的老師。不知是現場鴉雀無聲，還是他的「魔音穿腦」，在場每一個人都聽到他的聲音。就連說明會的主持人也不得不停下來。隨後，他以慣用的客套話說著：「繼續！繼續！」唉！接下來的氣氛可想而知。

　　不知從什麼時候開始，只要這位資深老師「現身」，大夥兒都會「眉目傳情」。只見大家的眼角一會兒左邊挑挑、一會兒右邊挑挑，在不被那位資深老師發現的情況下，竭盡所能的傳遞訊息。那位資深教師習慣坐在距離主持人最遠的地方；他翹起腳，四下張望著。但是當學年主任宣布開始討論時，他就將屁股黏在椅子上，雙腳輕輕的以鴨子划水的姿勢，從最遠的位置前進主席台。當他攻佔主席台後，一切

就成為「我說你聽」的場面，會議就在這種模式下匆匆結束。

為了認識這位資深教師，我這個教師會會長，以「如何擴充教師會的現況」為題，相約放學後向他請益。與這位資深教師談了三小時，這當中他反覆提到的一些字句，竟成了我們溝通上的最大障礙，例如：

「我教書十幾年了，什麼場面沒見過……」
「學校行政都是一個樣……」
「有本事你就去做，後果自己承擔……」
「我走過的學校不在少數……」
「我告訴你們，我們都是這樣走過來的……」
「本來就是年輕人要多做……」

就這樣，我被訓了三個小時，衣服汗濕了又乾、乾了又濕，好不容易才得以脫身，趕緊逃之夭夭。

我反覆思考，以前每次教師間出現衝突，都還有討論的空間。但這三小時，在我腦海中縈繞的卻是「我不想聽也不想說」，最後總以「你說的是」敷衍過去。我知道其中存在著許

多誤解，但我彷彿陷入「尊師重道」的束縛中，無法與他雙向溝通。我們的思考方式形同平行線，彼此各說各話，這好像比直接衝突還要嚴重喔！

接觸過這位資深教師後，我認為教師同儕間的溝通問題，不僅是言語上的衝突，彼此不理不睬也不可小覷。近日閱讀前教育部黃榮村部長的一篇專論──「談921的淡退與傳承」，黃部長指出，一群為921震災重建而付出的功臣，當任務完成後，應讓他們優雅的淡出：懷著榮耀感返回原單位，而不是被逐出家門。「互信與尊重」，是優雅淡退的基礎。

如何讓資深教師在「互信與尊重」的基礎下「優雅淡退」，是校園內值得思索的議題。有了那次經驗後，我隨時注意資深教師與年輕教師的互動。的確發現，資深教師常用「自以為是」的觀點，作為年輕教師引以為戒的傳承。同時也發現，年輕教師的眼角總揚起「後生可畏」的不認同神情，氣氛益顯不耐。其實這種現象，也存在一般教師同儕的互動上。於是，彼此就在「自以為是」的偏執對抗中，

「不和諧的」共事。

　　黃部長文中的「優雅淡退」（graceful degradation）是指：一個大系統中，幾個元素的退出或死亡，不會急遽改變系統的狀態，系統仍能順利運作。一個組織也具有優雅淡退的特質，少數人的淡退，不影響全盤的運作。大腦中一些細胞的淡退，之所以能夠不傷害總體功能，是因為它們過去學習所累積的經驗，可以被活著的細胞取代，也就是「大腦彈性」（brain plasticity）。試想，學校資深教師屬於少數，他的淡退在不傷害總體功能的情況下，年輕教師應給予相當的「尊重」。資深教師應學習優雅的淡退，榮耀的歸返於不同階段的人生，這樣應該可以減少許多衝突吧！

　　我擔任教師會理事長這段時日，發現不少教師間的溝通問題。依據佛家所云，八識中的第七識「執自我」，一般人都會認為自身的思想行為優於他人。無論在求知、共事上，「執自我」皆為通病。這種通病無關年齡，自我意識一旦充斥其中，轉而便成認知見解的不同，引起的不愉快時有所聞。彼此心中充滿防衛與

戒心，面對面的心情自是難以言喻。

　　教學工作需要成功的經驗，避免失敗重複的發生。資深教師與年輕教師，在學校有著不同的著力點。心中所念者厥為學生，用心使力者無非教育；彼此應相互順應、相互尊重，共同珍惜這一份患難與共的人生志業。

▶ **高強華教授**
的回響

　　證嚴上人指出：人人都有佛性，老師將學生當成「未來佛」，如同佛陀慈愛眾生一樣，以佛心、歡喜心對待學生，用智慧大愛來施教，沒有不能感化的孩子。

　　同樣的道理，老師相信「江山代有人才出」、「一代新人換舊人」。舊人淡退，創造更為多元智慧的人生，其實是人生多元繽紛燦爛的最真實示範。當高齡化社會來到，成為無法避免的潮流時，如何創造「老有所用」，"old can be beautiful" 的社會，正是考驗人類群體智慧的嚴肅課題。眾鳥高飛盡，孤雲獨去閒，愛索纏縛不再，無明覆心澄透，人生的境界和美感當能更為提升。

▶ **李玲惠校長**
的回響

　　在期末歡送退休老師的茶會中，輔導室的夥伴精心製作了影音檔，透過電腦與大螢幕，呈現在大家面前。有退休老師大學畢業，剛分發到學校的清純大頭照，有結婚的婚紗照，有參與學生

畢業旅行時在風景區留下的回憶，有頭髮開始發白的照片，還有，被老師教過的學生留下的祝福，與同事的叮嚀。全場同仁屏神欣賞這一幕幕，與主角共同進行教學生涯的回顧，也彷彿欣賞一個人的生命故事。

這些即將退休的同事，在欣賞完這些影音檔後，無不眼眶泛紅，甚至有同事神情激動地嚎陶大哭，現場氣氛感人，令人難忘。

真的很感謝輔導室伙伴的用心，當初，我也只是拋出一個期望，請伙伴們想想看，人的一生中，有幾個二十五年、三十五年，何況是最精華的歲月，都在黑板前、粉筆灰中度過。如果，輪到我們自己退休，希望同事用什麼方式來歡送、祝福？是大吃一頓？買個金戒指？還是令人玩味再三的回顧影片？於是，每年這樣的歡送會，都讓人既期待又害怕。期待著大夥兒可以情感交融地互道祝福，害怕的是，歲月無情催人老，又不得不說再見。

　　但是，有一年的歡送會卻留下尷尬的收場。好不容易找了一家五星級飯店的豪華場地，大家一邊欣賞影片，一邊享用大餐。結果，幾位主角老師（亦即退休老師）卻沒有出現，事先也未告知主辦單位，當天電話又關機。茶會結束後，年輕的老師只好收起電腦、單槍投影機，捧著花束尷尬地離開。

　　每一年，總要歡送幾位老師榮退，也可以看到資深老師不同的樣貌！有人在六月下旬早早將辦公室收拾乾淨，休業式、期末校務會議都不見人影，好像恨不得早一分鐘離開教育崗位。但是，也有人直到七月卅一日──教學生涯的最後一天，仍在辦公室批公文，到教室為學生暑期輔導。甚至，發出一封又一封的信函，對學生做最後的叮嚀！

　　這些都是「楷模」，得到再多掌聲的校長、老師，都會有退休的一天。面對人生「離別、退休、死亡」的運行規則，我們在意的是，當必須

問題與思考

謝幕時，留下什麼「楷模」給年輕的教育夥伴？

面對傳承的時刻，拿出什麼交給下一棒？甚至，

我們有什麼會留在別人心中？

溝通的故事 ③ 學校行政與教師間的溝通失衡

　　學校行政人員係指，學校組織中處理一般行政事務、協助與支援教師教學之人員，通常由教師兼任。「教師法」實施後，學校行政人員之遴聘，須經教師評審委員會審議通過。但除非特殊爭議個案，校長多半尚能主導人事布局，同時也承擔用人失當的責任。

　　校長「用人」和「識人」的原則，幾次與多位校長深談後發現，共同的無奈為：「想用的人無意，有意的人不適」，這種兩難的窘境。為了找尋適切的人選，校長可說絞盡腦汁，教師名冊常置案頭及枕邊。另一方面，被校長相中、邀約兼任行政職務的教師，也面臨個人意願與校長盛情的兩難處境，最後常是「勉為其難」的出任。

　　倘若教師擔任行政工作的意願不高，又怯於表態，在心理與態度未能好好準備之下，一旦面對行政事務不順遂或被挑戰時，情緒性的言語、非自願擔任的委屈心態，就表露無遺。在溝通言談中，「絕對性」的思維經常出現，

造成行政與教師間的對立、緊張。在許多實際的案例中，兼任行政的教師與一般教師間，的確發生不少衝突。教師認為行政系統僵化，欠缺「將心比心」的體恤。對於行政同仁的表現，往往負面評價多於正面肯定。從下列這則教師對行政系統不滿的說法，即可窺探大半。

「行政人員憑什麼減課？兼任行政的職務加給已經比導師費高，為什麼還要列入年終獎金計算？為什麼記功嘉獎多半被他們拿走？他們又不用一大早看學生掃地，也不必參與學生活動。自己分內的工作，又多半由班級導師協助完成。真不知道行政到底在忙什麼？還說自己有多忙，別自欺欺人了。也請別亂扣別人帽子，老是說老師不配合行政。你們是一群既得利益者，課堂時數比導師少，說穿了只是校長的御用部隊而已。我們這群小小教師，根本無法分享行政資源，能和你們爭什麼？」

然而，兼任學校行政職務的教師也有話要說。他們認為，教師根本不了解行政組織的任務與目標，只管自身利益，反應偏激、不理性。他們的心聲如下：

「行政人員也是教師兼任的，大家都是同事，我們是受校長之邀為學校、為學生服務，並沒有通天本事享受特權。不管減課或職務加給，都是政府的規定，又不影響其他老師的權益。寒暑假上班、平日加班，都是額外的付出。還要經常忍受老師趾高氣揚的質問，而且只能忍耐，只有陪笑臉的份。」

唉！到底孰是孰非？但可以察覺到的是，彼此心中蘊含著的「絕對性」思維。無論有否兼行政職，教師大都站在「我執」的角度，羼入過多的個性與情緒，因而造成「絕對性」的思維，成為引發誤解的主因。

何謂「絕對性」或「相對性」的思維？「絕對性」是單向的思維，「相對性」是互動的關係。因此，當需要雙方溝通的時候，「相對性」的思維就成為必要的條件。

以下就教師會受理的一個個案，探究所謂「絕對性」與「相對性」的思維，為何會造成行政與教師間溝通的失衡？

一位教師反應：

「每次學校總以為我好說話，所以轉學生

總是轉入我的班。已經三十五個學生了，其他班的學生都只有三十出頭啊！為什麼這麼欺負人呢？教師會要幫我評評理啊！」

兼任行政的教師回覆：

「每位老師都希望班上人數愈少愈好，但有轉學生時，家長總是委託一些知名人士來關說，希望轉入所謂『王牌老師』的班上。不了解的老師，總以為我們找他麻煩；憑藉班上家長的支持，大加撻伐行政措施。我們只能忍氣吞聲，甚至還要竭盡所能安撫老師；我們的委屈又向誰訴說呢？」

雙方的對答中，不難發現許多「絕對性」的思維。教師部分如：

「每次總以為我好說話」，真的是「每次」嗎？

「轉學生總是轉入我的班上」，真的「總是」嗎？

「其他班的學生都只有三十出頭」，真的「都只有」三十出頭嗎？

「為什麼這麼欺負人呢？」真的「這麼欺負人」嗎？

也許其中有部分是事實，但聽起來仍使人很難居中幫你評理。

兼任行政的教師，也有不少「絕對性」的思維。例如：

「每位老師都希望班上人數愈少愈好」，真的「每位」老師都這麼希望嗎？

「家長總是委託一些知名人士關說」，真的「總是關說」嗎？

「不了解的老師總以為我們找他麻煩」，真的「總以為教師不了解你們」嗎？

「我們只能忍氣吞聲，甚至還要竭盡所能安撫老師」，真的「只能忍氣吞聲」嗎？

「我們的委屈要向誰訴說」，真的「無處可訴」嗎？

試想如果對話改變一下，會不會好多了？教師可以說：

「感謝行政人員用心良苦的安排轉學生，也許處室沒有發現我們班上已經三十五位學生了。為了給孩子更好的教學品質，是否可以平衡人數，以減輕老師的負擔？」

兼行政的教師可以回應：

「真的很抱歉，由於您的用心與認真，讓家長堅持屬意孩子到您班上。若是造成您的負擔，我將協助您，商請校長居中協調，來滿足家長與您的需求。一時疏忽，造成您的困擾，在此深表歉意。」

長久以來，行政系統與教師之間的衝突，常因彼此觀點不同，誤以為對方故意挑釁，造成難以彌補的後果。「相對性」的觀點，與所謂「中道」之說相似。如何破除相互對立的兩極見解，達到一種沒有偏私的認知？溝通時應避免使用造成對立的用字，如總、每、別、有、無、常等「一偏」之見。時時提醒自己，是否只看到一個部分就以為是整體？是否常因個人的「武斷」而造成對事實的誤解？另外，也勉勵兼任行政的教師們，無論當初的意願如何，不妨全力以赴，不要輕言請辭。期待未來所有的教師在傳遞語意時，能將心比心，體恤教學或行政彼此的奉獻與付出，共創和諧的溝通模式。

問題與思考

**▶ 高強華教授
的回響**

　　不論是依賴（dependent）取向、控制（controlling）取向，或競爭（conpetitive）取向的教師，儘管人格特質殊異、學科專門素養有別、價值取向（value orientation）不同，仍必須面對教育政策的推陳出新、家長會的發展和監督、學生次文化和大眾傳播媒體等共同的問題與挑戰。如何化干戈為玉帛、化危機為轉機，是未來校園贏家無可逃避的要務。

　　在開放多元的民主社會中，教師面對來自政治、社會、經濟與文化，各方面劇烈的變遷與挑戰，只有把握平凡、平淡、平實的真諦和原則，才能優游自在、氣定神閒，迎接教學生涯中的每一項艱難的選擇和決定。應將平凡、平淡、平實的生活原則，落實在教學生涯之中。

　　「平凡」是一切依照法律條文與制度規範，沒有特權，也不期望特殊的崇榮禮教，只是盡其在我。

　　「平淡」是事事依循情、理、法，做最適當

的選擇與判斷，不譁眾取寵。

「平實」是時時刻刻以意誠心正為念，以師表楷模自許，做對的事情，說對的理由。

雖然平凡，卻能夠日新又新；雖然平淡，卻能恆毅精進；雖然平實，卻又能行健不息，則教育的事業，定然是可大可久的志業。

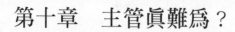
第十章　主管真難為？

高強華

子路，人告之以有過，則喜。

禹聞善言，則拜。

大舜有大焉；善與人間，會己

從人，樂取於人以為善。

　　　　——《孟子‧梁惠王下》

隨著社會的變遷與多元開放，以「鬆綁」為主軸的教育革新議題層出不窮。行政院教改審議委員會於民國八十五年公布的「教育改革總諮議報告書」中強調，落實學校自主經營，賦予學校組織架構彈性，施行校長責任制。現代校長面對的挑戰，是前所未見的，領導上的難題簡列如下：

1. 專業與非專業的抉擇：能力編班與常態分班孰優孰劣？大班教學與小班教學孰利孰弊？機會均等與追求卓越孰先孰後？不僅是專業上的考量，也有社區特質與家長期望等現實的顧慮。
2. 理想與非理想的抉擇：如何處理不適任教師？如何與社區人士交往？如何善用社區資源？如何發揮教師特長、表現行政績效？這些也有法、理、情三方面，難以面面俱到、顧全周備的困擾。
3. 合議與非合議的抉擇：民主的校園，公開討論、雙向溝通都是必要的。但是人多嘴雜，民主素養之薄弱和人權法治觀念之不振，使得各種會議失焦，議而不決、決而難行的現象非常普遍。

　　當然所有的校長都知道，學校行政組織的運作，下列原則宜妥慎的把握：

1. 每位工作者只向一位首長負責，否則，將會產生混亂與衝突。
2. 權責必須相稱，「責大權小」則不能有效執行職責。
3. 適度的集權，但有時要有較大的分權。

4.充分借重專家及尊重學理，因為現代組織中無人能夠無所不知。

5.組織內部應有協調路線，同仁不須提醒即能自動工作。

6.職責依全部工作公平分配；否則，會造成「有事無人做，有人無事做」的不公平狀況（不平則鳴）。

溝通的故事 **1** 都是「能力編班」惹的禍？

在教育部長下鄉訪視時，中部某國中一位教師突然下跪陳情，認為「能力編班」害人害己。因為自己永遠是後段班的導師，校長則是能力分班的罪魁禍首。若能力分班的共犯結構不改，常態編班的理想永遠淪為空談。一時之間，媒體記者爭相報導；校園裡的正反觀點劍拔弩張、風雨欲來……

能力編班的施行，理想上應輔以能力指標不同的課程教材、評量標準和作業要求等。但實際上國內的能力分班是為「提高升學率」而量身訂做，是為少數菁英分子考進明星學校「服務」。也造成好班、壞班或前段、後段之刻板印象，養成程度好的學生驕傲虛榮，程度差的學生自卑自嘆的錯誤心理。

相對的，「常態編班」的優點如下：

1.避免「標記作用」：學生平均分配於各班，一方面能及早學習與各種「階層」的互動，亦可避免「後段班」對身心產生的不良影響。

2.有益同儕正向影響力的發揮：較能激發低成就學生的學習意願。

3.班級間之競賽活動易於展開：可提高教師的責任感。

4.符合「有教無類」的教育精神：學生不必被等級化。

5.改善學校風氣：不致因能力編班而使學生有好壞之分，或教師有明星或非明星之別。

問題與思考

▶ **高強華教授**
的回響

能力編班（ability grouping），即以「學生能力」作為編班的標準，編班方式如下：

1. 依智力編班：按智力測驗所得智商之高下編班，然而智力雖為影響學業成就的重要因素，卻非唯一因素。有些學生智商不低，但因成就動機、情緒及社會適應不良，導致學業成就比智力水準低。

2. 依學業成就編班：根據學科標準測驗、教師自編測驗或學業總平均成績高下編班。或以學生各學科成績作為編班的依據。即將各科分設若干高低班次，學生依各科成績的高低，到適合其能力的班次上課。

3. 能力層次平均編班：將同一年級學生之能力特質，如智力或學力，區分為二或三個等級。在同一層次裡，各班能力特質的平均數相近。或將能力最高者集為一班，次高者集為另一班，其餘依此類推。

問題與思考

能力編班的優點，簡列如下：

1. 學生和能力相近者一起，較易依自己的程度來學習。
2. 容易激發學生努力，以使自己能留在原班或晉升到更優的班級。
3. 低能力學生編在同一班，教師容易實施補救教學。
4. 班級內個別差異小，教師在教材教法的選擇上，較適合學生的需要。

能力編班頻遭質疑及檢討的問題，列舉如下：

1. 真正的同質編組，實際上是不可能的。
2. 測驗資料在不同的情境裡，會有變異。
3. 被編在能力分配兩極端的學生，容易和同儕團體失去正常的交往。
4. 教師傾向假定學生的能力都是相似的，因而忽略了個別差異。

　　雖然教育部三令五申強調常態編班,未依規定編班之校長將遭懲處。但因常態編班不符合家長「望子成龍,望女成鳳」的心理,因此容易造成學校「陽奉陰違」的弊端。部分學校存在所謂「人情班」,是因「特權人士」利用各種管道,將子女安插入教師陣容較強的班級,形成教育資源分配不均。部分學校以「音樂班」、「國樂班」、「實驗班」等名義,將資優學生變相集中;結果,真正需要加強的學生,反而得不到照顧,必須另外去補習,才能得到應有的教育資源。

　　其實更折衷的做法,是學科能力分組。先將學生做混合編班或常態編班,於學科教學時,再依學生學科能力高低編成若干組,以利教學活動進行。國內教育學者,如路君約、楊國賜、郭為藩、簡茂發等,均贊成「學科能力分組教學」。如路氏主張「學力分組」,楊氏主張「原班單科分組教學辦法」,郭氏主張「彈性能力分班」。如此,不但具備能力分班之長,同時又可免除「能

力分班」之弊。

至於學科能力分組教學的可能缺點，包括：

1. 因分組之學科同一時間上課，遇有教師請假或公差，補課、代課不易。
2. 行政上編班、排課、成績登記、統計及缺曠課整理，較為困難。
3. 擔任低層次班級教學之教師，有受輕視之感覺，心理上不易適應。

教育部以「常態編班」為重大政策，歷任部長如吳京、林清江、楊朝祥、黃榮村等，均強力的行政督導。如果常態編班實施後，對後段班學生的歧視，變成了對班級內後段學生的歧視，則「教育機會均等」的理想依然落空。反之，若教師秉持人文關懷，基於專業判斷，即使採行能力編班，學生仍舊可以得到尊重；如此，因材施教與有教無類的理想，才有同步落實的可能。

在能力編班和常態編班之間，在追求卓越和講究教育機會均等之間，在上級三令五申和家長

問題與思考 ----------------------------------•

關說施壓之間，教育理想和學校運作如何求取平衡？在在都考驗著校長辦學治校的智慧。

▶ 王淑俐教授
  的回響

一位國中老師，模仿古代「攔轎喊冤」的方式，趁著教育部長下鄉訪視時，當面下跪陳情。因為他不願自己「永遠是後段班的導師」，他覺得「能力編班」害人害己（「不公平」或「受到歧視」）。他控訴校長是能力分班的罪魁禍首，學校裡還有其他「共犯」，才使常態編班的理想永遠淪為空談。

知識分子這樣的表達，自然引起媒體記者的爭相報導；然而，以「溝通技巧」而言，如此就能解決長久以來能力分班的問題嗎？若經查屬實，除了「校長」可能被懲處外，其他「共犯」（老師及家長）有何影響？反而造成校園裡正反觀點更加對立。此時，校長恐怕也想要「攔轎喊冤」了。因為，能力分班豈是他一人所願？豈是他一人能擋？

　　公視製播的教改紀錄片「校長不哭」，片中台中縣豐陽國中前校長白璋，即因強力推動常態編班，而遭部分教師激烈反彈，發生了教師投票反對白璋連任的事件。也有些家長，認為會不利於子女升學而轉校。這讓白校長心力交瘁，所以提前退休。片中老師談到白璋時，有人說，她對教改一知半解，用各種手段影響教師專業自主，造成校內白色恐怖。有些老師較支持能力分班，因為，提高升學率才能招到更多學生；不斷減班，只會讓超額老師不安。看得出來，校長與老師之間隱藏有不少的衝突。

　　然而，校長與老師所對立者，都不是「真正的」能力分班與常態編班，所以仍各自停留在情緒性的反應當中，而非真理的論辯，實在可惜！

溝通的故事 ❷ 強辯的李主任

年輕的張校長，新上任第一天，就發現校內最資深的李主任是個難纏的人物。基於維護校園和諧與安定，又鑑於李主任人脈博厚，對社區的影響可觀，所以校長決定，尊重大多數同仁的建議，先觀察一個學期，再做更動主任的考量。

有一回開會時，一位遲到的老師帶著歉意說：

「真抱歉，外面下大雨……」

校長還沒開口，李主任即刻回應：

「不下大雨，你就會準時出席嗎？」

又有一回，校長交寄印刷品時，對總務處的小姐說：「最重要的那一份可能超重，要再貼一張郵票。」

李主任恰巧在一旁，接著說：「再貼一張郵票就會輕一點嗎？」臉上似笑非笑的表情，真叫人猜不透這個「冷笑話」的含義。

還有一次開會時，兩位老師一直竊竊私語。一旁的人事主任頻使眼色，最後傳話說：

「請自重重人」。字條經過李主任眼前，他脫口而出：「人必自侮而後人侮之！」

　　張校長心裡很不是滋味，下學期要換主任嗎？

問題與思考 -

▶ **高強華教授**
的回響

　　言為心聲，每個人的語言表達，都透露內心的想法或判斷。敏感細心的人，懂得「聽其言，觀其行」。

　　人與人之間的誤解或溝通、感動或冷淡，其實都可從語言之中得見端倪。校園內的語言型態、語言遊戲或語言暴力問題，是有待積極研究的豐饒領域。教師的語言是強勢或弱勢？是樂觀或悲觀？是理性或情緒化？教師如何以理性清明的語言，表達教養與內涵？如何藉著溫馨關懷的語言，表現教育的大智慧？都是未來師資培育、教師專業成長，宜好好規劃及正視的課題。

▶ **王淑俐教授**
的回響

　　一位新任校長，碰到校內元老級的主任，該如何與之相處？尤其那位主任又常「得理不饒人」，或以嘲諷的口吻待人，校長又應如何處理？

　　這位主任說話的方式，極易引發負面聯想，彷彿暗示著別人不值得尊重。這是他個人的習

慣，抑或「另有所指」？有時，有些資深老師會「倚老賣老」，給新人「下馬威」，以顯示自己的「分量」。這樣的做法雖有些幼稚，卻也是人的正常心態。但若「嘴上不饒人」、「出口傷人」，又是另外的問題，包括做人應有的態度及職場倫理。說話要有技巧，才會受人歡迎，這是指有禮貌、委婉、善於讚美、能夠體貼別人、表現幽默等。反之，就會令人厭惡，如措辭太直接、好批評、諷刺、抱怨、指責、自以為是、自吹自擂，以及過於嚴肅等。

▶ **李玲惠校長**
　的回響

多年前，在校長儲訓的某一門課程當中，教授對著準校長們，提出了一個問題：「假如貴校現在有一位主任退休，校內有兩個人選都很適合，一位能力很強，但人際關係不好，另一個能力不怎樣，但人緣很好；請問，你會用哪一位？」統計的結果，超過百分之八十的準校長，會聘用後者；只有少數人，選擇能力強的那一

位。理由是什麼？大夥兒的答案還滿接近的，那就是：人際關係與個性有關；一個人的個性不太可能改變。行政工作主要靠溝通協調，人緣不好，就很難推動校務。能力不足可以慢慢培養，甚至於，可能因為他人緣好，助力更多，能順利地找到人幫助他，形成團隊，那就一切好辦了！

案例中的新任校長，碰到這樣的主任，要不要換下他？答案其實已很明顯。為了校園的和諧、職場的氣氛，還是要找到適合的人，抓對時機來替換。

雖說「江山易改，本性難移」，但是，人還是有改變的可能。面對新的主管、新的幹部，對雙方而言，都是改變的契機。建議這位新任校長，還是先找個機會，與這位資深主任溝通。尤其要表明立場，因為校長受任期制影響，不可能在一所學校成為資深人員；但真正的資深，應等同於對學校的付出與貢獻程度。校長應誠懇表達對這所學校的看法及未來的期許，希冀藉由主任

豐富的經驗及對地方的熟悉度，配合校長的幹勁、專業，才能對學校有所作為。溝通的管道很多，旁敲側擊也罷、直接面談也可。必要時，還得找到重要的關係人士，開導這位主任。總而言之，在溝通上多下功夫，是不可忽視的。

第十一章　爲什麼老師不願意兼行政？

王淑俐

愛人不親反其仁，

治人不治反其智，

禮人不達反其敬。

行有不得者，皆反求諸之；

其身正，而天下歸之。

——《孟子・離婁上》

> 問問您周遭的老師，有多少人還「願意」兼任學校行政職務？為什麼？

溝通的故事 ❶ 新進老師「必須」兼行政職嗎？

這幾年，有幸參與張德銳教授帶領的「台北市教學輔導教師」團隊；擔任訪視委員工作時，有不少機會與第一線中小學教師直接接觸。這才知道，不少新進老師有著「必須」兼行政職的無奈。在台北市，身為教育界的新鮮人，教學上還有「師傅級」的「教學輔導教師」可給予協助；但兼任學校行政職務時，諸多迷惑與痛苦，就常求助無門、難以紓解。推想可知，其他縣市的新進教師也有類似的壓力。讓我們來看看林老師的情況：

林老師剛服完兵役，任教第一年即「新官上任」，榮任訓導處生教組副組長（另兩個熱門工作為教務處課務組、總務處事務組）。工作才第二年，只見他滿臉倦容、十分疲憊。不論我如何鼓勵，他都意興闌珊，覺得於事無補。他說，反正咬牙忍耐，再過幾個月有了新進教師之後，這個痛苦就會結束了。當我建議：

「新進老師既要適應教職，又要擔負行政重任，實在吃力不討好，而且事倍功半。所以你應以個人經驗向學校提出建議，尋求合理的解決之道；讓之後的新進教師不要再受同樣的苦。」

　他卻說：「我是新進老師時，就得兼行政職；為什麼之後的新進老師可以不用兼行政工作？一進學校就與我平起平坐。」

問題與思考

▶ **高強華教授**
的回響

　　多少年輕教師能取得教職，是在眾多競爭對手之中，因為熱誠有勁、富於理想，而得到學校教評會的肯定。脫穎而出之後，在教學社會化（socialization into teaching）的過程中，更應日新又新，才能在校園之中，成為卓越傑出的楷模。在開放多元的民主校園裡，雖不一定要有「我不入地獄，誰入地獄」的赴湯蹈火精神，或強調「犧牲享受，享受犧牲」；但是，肯認真參與，願意在最需要的崗位上盡忠職守、服務利他，仍是讓生命發光發熱最有價值的選擇。

　　新進教師兼任學校行政職務，事實上是學校組織和教師教學文化中，一個值得正視的危機。菜鳥老師學習如何應對進退、如何教導學生，已自顧不暇。如果學校決策高層對於學校各項行政工作的適任教師，缺乏識人之明，無法組成強而有力的團隊，只好任用新進教師，則辦學績效一定大打折扣。

　　年輕資淺的教師，如果事事計較，不能體認

兼任行政職務是一種磨練，是嫻熟制度法令和校園文化的最佳途徑。凡事怕難畏苦，只想到承擔的責任太重，避之唯恐太遲；又想「有樣學樣」，輕鬆散漫的教一輩子。事實上這是妄自菲薄、自欺自侮的心態，應懂得「生於憂患，死於安樂」的道理。

溝通的故事 **❷** 行政是執政黨，老師是在野黨？

在我的電子信箱裡，有封兼行政職教師的「求救信」。信中說：

上週帶隊畢業旅行，一行接近六百人的師生團體，三天行程後，總算平安歸來。但多年來未曾起伏的情緒，在這趟旅程中，多次面臨失控邊緣。只因太多的認知差距，引爆同仁間的不愉快。

教育是良心事業，這是我不渝的信念。老師不僅為經師更為人師，但這點認知，在「六、七年級世代」（指民國六十年以後出生者）的教師身上，似乎不若「四年級世代」的我們。

我常勉勵學校行政同仁：「行政是為教學服務，但也不可隨著老師的言行起舞，打亂原本的腳步。」「正因為有這麼多的問題，才足以彰顯學校行政存在的價值！」

寫這封信時，情緒仍未平撫……難道在校園中，行政是執政黨，老師是在野黨嗎？足以安慰的是，之前教育學程中認真所學的一招半式，行走學校行政領域尚稱堪用。我將藉此導引衝突產生正面效能，以助未來的行政事務更加順暢。

感到他受挫、需要安慰的心情，我立即回信：

您的心聲與困惑，我也曾有過。我在兩所大學兼任學校行政近十年，有許多快樂與成就感，也有不少的受挫與受傷。擔任學生輔導中心主任而「打退堂鼓」，是因為輔導專業功力不足（雖然別人對我肯定有加），怕「勉為其難」會自誤誤人。而後擔任師資培育中心主任，卻面臨行政能力不足的困境。

從前修習教育博士學位時，自己在「學校行政溝通與領導」上的專業訓練不足，所以，接任行政職務後，常感事倍功半。您所遭遇的痛苦，我也嘗過不少（其中不乏自討苦吃的部分）。如今，我終因行政專業能力不足，再次打了退堂鼓。辭掉工作後，我冷靜、客觀的思索，為什麼教師兼行政職，會覺得力不從心？會與教學團體之間，形成類似執政黨與在野黨的對立關係？新生代的教師與中生代的教師，真有那麼大的認知差距嗎？

▶ **高強華教授的回響**

在《對有錢人說實話》一書的序言中,高希均教授指出:

> 作為一個知識分子,不僅不可以做虛報佳音的天使,更應當對有實權的人說實話。有實權的人不僅是指領導階層,也指握有選票的選民。讓我對握有投票權的選民再說一句實話:票不要投給虛報佳音的天使,票要投給說實話的烏鴉。

> 人人都喜歡喜鵲,不喜歡烏鴉刺耳聒噪的叫聲。人人都喜歡虛情假意的恭維,很少能對逆耳的忠言欣然接納。因此我們就應該討好眾人,以眾人的喜惡為喜惡嗎?

> 子曰:「飽食終日,無所用心,難矣哉!」無論兼任學校行政,或是擔任學科教學、班級導師等職務,只要無所用心、尸位素餐,只想到加給或津貼的多少,沒想到職責與義務之所在,都應加以譴責。

問題與思考

▶ **王淑俐教授**
的回響

以我自己近十年行政工作的「跌倒」經驗，「悟出」了一些人際對立的原因。

第一個因素是立場差異。

最近流行一句政治術語：「換個位子，換個腦袋。」不同的位置，可能改變我們看事情的角度。所以，要經常站起來、走一走，才能看到不同的景物，而且要看得更高、看得更遠。以行政人員來說，「豈能盡如人意，但求無愧我心」，自問：「我所堅持的事是對的嗎？」若是，就不要受外界影響而動搖心志，不要懼怕批評及阻擋，勇敢的繼續下去。

高EQ的人，在達成目標的過程中，會不斷自我激勵，絕不輕言放棄；當中必然會吃許多苦頭。但若半途而廢，則會因自覺「軟弱」而更加遺憾。擔任學校行政工作，是個人EQ的考驗與磨練，咬咬牙，撐過去。

第二個因素是世代差異。

也許「六、七年級」世代的老師與「四年級」

的老師，真的有些差異，原因在於成長背景、心理成熟度、人生閱歷等。這讓我想起了一首歌「繼續」，是大陸劇「大宅門」的片頭曲（蔡琴演唱）。

你看，海灘和人一樣，從來也不擅長，成功留下那一定要退去的浪。

你聽，海浪和人一樣，任憑如何呼喚，也喚不回那已經遠去了的船。

祝福人的脆弱，在愛情中誰不脆弱。

同情他犯的錯，他不知道錯過了什麼。

美麗的人請你繼續美麗，別枉費年輕。

還有燦爛的、耀眼的愛情，等著要豐富你的感情。

勇敢的人請你繼續勇敢，告別舊情感。

趁著今晚夜色溫暖，送他一些月光。

歌曲中透露出的豁達、諒解、寬容、扶持，需要時間歷練才能體會及領悟。所以，接納某些

老師的「年輕」及「正義感」吧！更別忘了提醒自己：若比他們多活幾年，心智上就得更成熟喔！

溝通的故事 ❸ 我決定辭掉行政兼職！

收到一封主題為「祝賀新年快樂」的電子信件，內容卻是：

我今年接任輔導主任的職務，但不如預期想像中美好，原來校園中也存在爭權奪勢的黑暗面。我一再審視自己的個性，真的適合在這樣的潮流中生存嗎？彷彿即將被淹沒，我過得很痛苦。原以為只要有足夠的能力，就能處理好行政工作。但是，我錯了，錯得徹底。最重要的人際溝通學分，我還不及格。後悔以前上課時不夠認真，為時已晚啊！

不要再抱怨了，我偷偷跟自己說。年底遞出辭呈，好好當個老師吧！珍惜每一個和孩子相處的日子，每天都是晴天。

看到這封信，實在好心疼，立刻回信約她見面談談。但她說要我放心，怕見了我會哭。她可能認為，反正就要辭去行政職了，可以省下我的勸告或建議。但，我懷疑，她辭得掉嗎？就算辭成了，真的解決問題了嗎？不過，反過來說，如果不能說服自己而勉強做下去，不僅更痛苦，也會耽誤公務吧！接著我開始悲

觀的聯想，會不會有不少老師，如這位主任一樣，做過行政後，即非常「受傷」及後悔，從此不願再碰觸這塊傷心地。

▶ **高強華教授 的回響**

　　老師要不要兼任行政工作？是為與不為的問題。資深教師因心有旁騖，或有高堂老母需要照料，或妻女有病乏人照顧，或心繫於其他紅塵俗務，因此缺乏服務意願。更或長期積累下來的挫折感、無力感和疏離感，對於新政策、新趨勢缺乏了解，對於與人溝通、服務利他缺乏興致。

　　如果他人如「日薄西山」，而自己有如「初升太陽」，可以綻放光與熱，要不要兼任行政工作？應該如何選擇或決定？

　　你是個衝浪高手，你願意一輩子只在自家前院的海灘，衝浪奔馳、追風逐浪嗎？

　　如果世界的遠處有一股無名的大浪，你願意費盡心思，不計任何代價，千方百計，千難萬險，千艱萬苦……你願意付出昂貴的代價，換一場超越顛峰逐浪競馳的人生嗎？

▶ 王淑俐教授
  的回響

最近網路上流傳一篇諷刺體的短文──〈有事沒事〉，對有類似遭遇的人，恐怕也會苦笑吧！文章說：

　　一些事沒人做，一些人沒事做。

　　沒事的人盯著做事的人，議論做事的人做的事。使做事的人做不成事、做不好事。

　　於是，老闆誇沒事的人，因為他看到事做不成。訓誡做事的人，因為他做不成事。

　　一些沒事的人總是沒事做，一些做事的人總有做不完的事。

　　一些沒事的人滋事鬧事，使做事的人不得不做更多的事。

　　結果，好事變壞事，小事變大事，簡單的事變複雜的事。

　　有首流行歌曲叫作「白天不懂夜的黑」，歌詞說：

　　白天和黑夜只交替沒交換，無法想像對方

的世界。

我們仍堅持各自等在原地，把彼此站成兩個世界。

擔任行政工作，的確有許多別人無法感受的苦悶。然而，相對的，行政人員也需要有彭懷真教授所說「能感覺別人感覺的訓練」。彭教授在報上發表〈當醫生感覺不到病人〉一文《聯合報》，民國九十四年一月十三日，A15版），其中說：

我原本是專業教書做研究的，如今兼任行政工作，常不易化解專業與服務角色的差異。我的頭銜是學生事務長，也就是要「感覺學生需要，然後回應需要的人」。我過去被訓練要專業，要理性，要少些感覺，如今卻非得有強烈感覺不可，尤其對服務對象、對媒體，也對長官好惡，都要有敏銳的感覺。感覺沒弄對，只好等著丟官去職，等著被罵到臭頭。

上述狀況，兼任行政工作的老師，應有類似的感受。老師也許不怕丟官（也確實不像做官），但絕不願被誤解而罵到臭頭，造成終身的創痛。

　　初任校長一年多的好友，要我到他的學校，為老師專題演講，並請我順便為他「心理輔導」。由於他自己有輔導碩士學位，曾任輔導主任多年，所以知道「求助是健康的行為」。他的問題其實解決不了，一再執著只是自尋煩惱。但困擾又確實存在，無法真正「放下」；心中滿是疑惑和遺憾，常常懷疑自己的能力與修養，甚至擔心自己得了憂鬱症。這個問題就是校園中的人際相處問題。他說：

　　可能因為先前在大校工作很順利，所以沒有想過會有這個問題。大校人多，有事一定找得到人幫忙；也因為人多，相對制衡的力量也大。目前服務的小校，因為人少，所以學校的任何決策，都會影響到每個人，個人的意見或感受就變得很重要。因此，若有人反對，即使是一個人，也顯得聲音很大。萬一校長堅持要做，不僅難以取得共識，而且事情也沒人肯做。到頭來，只剩校長一人孤軍奮鬥；不僅體力上負荷過重，而且常吃力不討好。

問題與思考

▶ **高強華教授**
的回響

孟子曰：「有為者，辟如掘井；掘井九仞而不及泉，猶為棄井也。」（〈盡心上〉）又曰：「山徑之蹊間，介然用之而成路；為間不用，則茅塞子之心矣。」（〈盡心下〉）掘井九仞，功虧一簣，究竟只是一口棄井。擔任行政職務，三、五年看不出成效，當然也是白忙一場。山中之路，為間不用，久而久之，便形成茅草叢生的荒涼景象。因此兼任行政職務，要能專心致志、持之以恆，方能有所成就。擔任學科教師或是班級導師，如果只是根據行事曆、功課表照本宣科，年復一年，即使積累了數十年考試背誦的經驗，生命的意義與價值何在？教育的真諦和智慧何處尋覓？

孟子相信人皆可以為堯舜。「不為者與不能者之形何以異？」曰：「挾泰山以超北海，語人曰我不能，是誠不能也；為長者折枝，語人曰我不能，是不為也，非不能也。」

至於有關校園憂鬱症的問題，我相信心理健

康、情緒成熟、自尊自信、坦誠爽朗、自我實現的人，都是能向憂鬱症說再見的人。也許較為寬廣的興趣、器量、處事風格，就能消除惱人的憂鬱。但是孔子曰：「君子坦蕩蕩，小人長戚戚」、「君子謀道不謀食，憂道不憂貧」、「內省不疚，夫何憂何懼」、「發憤忘食，樂以忘憂，不知老之將至云爾」。如果教師都能夠樂觀開朗，以啟發、教導為己任，學不厭且教不倦，哪有時間憂鬱愁煩？孔子曰：「德之不脩，學之不講，聞義不能徙，不善不能改，是吾憂也。」希望教師同儕，人人致力於講學修德，庶幾無愧於「學為人師，行為世範」的師表重任。

▶ **王淑俐教授的回響**

人性的弱點，在「小學校」中似乎分外明顯。若人人堅持自我主張，新校長縱然再有理想，也覺得「心力交瘁」，致使大部分心力都耗費在化解阻力上。有一段時間，我這位校長好友「真的」以為自己得了憂鬱症，因為明顯的失眠

及不快樂，讓他幾乎撐不下去。開車時也心神不寧，幾次擦撞，害他花了好幾筆修理費。他經常自問：「為什麼不快樂？」有時雖然暫時說服了自己「要快樂喔」，但內心深處，仍然快樂不起來。幸賴幾位資深校長，以過來人的經驗相授，並精神支持，才得以度過初任校長的不適應。

其實這位新科校長的「創痛經驗」，對許多初任主任或校長者並不陌生，甚至情況更糟。彷彿不經「吃足苦頭」的過程，難以「頓悟」而「百鍊成鋼」。要吃什麼苦？悟什麼理呢？

苦頭一：「太在乎」別人的觀點，以致失去自信及「為德不卒」。

「太在乎」別人的觀點，變成寓言故事「父子騎驢」的爸爸，不知如何自處。原先想做的事，因此半途而廢，想來都討厭自己的軟弱。

苦頭二：身陷情緒苦海，無法「冷靜」看透世情，失去決斷力。

「當局者迷」，面對困境若不能「保持距離，

以策安全」（自我超越），就會「自我沉溺」、「愈陷愈深」。於是，一旦與同事不和，情緒就會激動，感到厭惡、憤怒。即使夜闌人靜或獨處，也會噩夢連連、愁眉不展。

苦頭三：對自己及別人有太高的期望，以致容易失望

新官上任常因期望太高，相對的挫折感也大。別人稍有反彈，即會十分敏感：覺得別人反對我、不支持我、不喜歡我，甚至以為自己是個失敗者。

苦頭四：尋求不到支援，卑躬屈膝也難成事

許多教學之外的活動（如防震演習、校內外競賽、校外教學、畢業旅行等），需要老師支援。若得不到老師支持，甚至被老師認為是干擾教學時（如耽誤教學進度、妨礙學生受教權、加重教師的負擔），則老師會以沒時間、沒興趣、沒能力等理由而拒絕校長。

苦頭五：集體反彈、進退兩難

　　若老師不喜歡某些活動，則以遲到、隨意進出、改作業、聊天等方式反應，更甚者則完全不參與。若要求老師研習時不要遲到早退、改作業、講話等，會引起老師更大的反彈，日後並以反對及拒絕參加研習為抗議。此時，行政人員常不知如何處理自己受傷的情緒，若發洩出來，可能會「節外生枝」；若隱忍壓抑、暗地療傷，久了難免因「傷重」而支撐不下去。

　　碰到上述工作壓力或困擾，主任校長們的因應方式，大體有兩類傾向：

　　第一種是委曲求全、硬撐型：不斷鼓勵自己，不把上述事情放在心上，相信自己可以改善現況。然而，真實的狀況卻如「螳臂當車」及「不可能的任務」。於是，點點滴滴的壓力一直累積下來，直至身體出狀況為止（疲倦、眩暈、失眠、偏頭痛、高血壓等）。其實生病之前，內心深處早已「覺知」自己的「有限性」，但又「看

不開」。這一類型者往往「當局者迷」，不僅把自己忙得要死，心中更是苦得要命，結果「吃力而不討好」、「兩敗俱傷」。「下台」時，多半遍體鱗傷、心有餘悸。真是「上台靠機會，下台靠智慧」啊！

　　第二種是準備足夠、知所進退型：決定擔任行政工作前，即開始「暖身」及準備，尤其要有足夠的心理建設，早早調整心態，以「僕人哲學」來從事學校行政工作。另外，也要了解組織及工作特性，多多請教「前輩」，他們的經驗及忠告，對「新官」將有莫大的助益。擔任同一職位的時間不要太久，應與教學工作交替，才不致對某一行政業務失去興趣與熱情。在行動上知所進退，有自己的規劃及堅持。

　　最近在報上，看到星雲法師年度佛學講座的報導，法師說：「人生有十點需要學習的事：溝通、認錯、忍耐、柔和、化解誤會、尊重、包容、感動、待人有禮、人際和諧。」擔任行政工

作者，在上述十項的運用機會更多，若學得好，工作就順利，反之阻力就變大。還好星雲法師說：「學習做人是一輩子的事，沒有辦法畢業的。」所以暫時失敗了，也無須太自責，再努力學習就是了。

理解與寬恕——校園溝通事件解析

作　　者╱高強華、李玲惠、王淑俐

出版品╱揚智文化事業股份有限公司

發行人╱葉忠賢

總編輯╱閻富萍

執　　編╱宋宏錢

登記證╱局版北市業字第1117號

地　　址╱台北縣深坑鄉北深路三段260號8樓

電　　話╱（02）8662-6826

傳　　眞╱（02）2664-7633

E-mail╱service@ycrc.com.tw

印　　刷╱鼎易印刷事業股份有限公司

ISBN╱978-957-818-851-8

初版一刷╱2007年12月

定　　價╱新台幣280元

國家圖書館出版品預行編目資料

理解與寬恕：校園溝通事件解析 / 高強華,李
玲惠,王淑俐合著.-- 初版.-- 臺北縣深坑鄉
：揚智文化, 2007.12
　　面：15 x 21公分.

　　ISBN 978-957-818-851-8（平裝）

　　1.教育行政　2.學校管理　3.溝通
526　　　　　　　　　　　　96020710